Construção de uma

Cidade Romana

David Macaulay

Construção de uma

Cidade Romana

Martins Fontes

A Janice e ao futuro
Com agradecimentos muito especiais
a Hardu, Mary, Sidney, Bill,
meus pais, Melanie, Walter e Vitruve

Título original: CITY

1ª edição brasileira: abril de 1989

Tradução: Cirene de Castro
Revisão da tradução: Marina Appenzeller
Revisão tipográfica: Maurício Balthazar Leal

Produção gráfica : Geraldo Alves
Composição: Oswaldo Voivodic
Antonio José da Cruz Pereira
Arte-final: Moacir K. Matsusaki

Prefácio

No ano de 200 a.C., os soldados da República romana já haviam conquistado toda a Itália, com exceção dos Alpes. Durante os três séculos seguintes, criaram um império que se estendia da Espanha ao Golfo Pérsico. Para garantir seu domínio sobre esses territórios, os soldados romanos construíram acampamentos militares permanentes. Quando deixou de ser necessário o uso da força, muitos acampamentos transformaram-se em importantes cidades do Império Romano. Os romanos sabiam que, para manter a paz e a segurança, uma única cidade bem planejada valia mais que dois acampamentos. Sabiam também que uma cidade não era somente um centro comercial, político e religioso, mas também, e acima de tudo, um lugar onde as pessoas tinham vontade de viver.

Construíam-se as cidades quer em locais virgens, quer no lugar de uma aldeia: por isso seu tamanho e sua população máxima podiam ser estabelecidos antes do início da construção. Em seguida, os urbanistas faziam a distribuição dos espaços necessários para as casas, lojas, praças e templos. Determinavam as necessidades de água, o número e a extensão das ruas, calçadas e esgotos. Esses projetos tentavam satisfazer as necessidades de todos, tanto dos ricos como dos pobres.

Os urbanistas achavam que, quando uma cidade atingia sua população máxima, era preciso construir outra — em outro lugar. Conheciam o perigo da superpopulação. Se uma cidade fosse obrigada a desenvolver-se além de suas muralhas, haveria não só sobrecarga da rede de abastecimento de água, de esgotos e para o serviço de limpeza pública, mas, afinal, também a destruição do campo, de cuja colheita a população vivia.

Verbonia é imaginária, mas seu projeto e sua arquitetura baseiam-se nas centenas de cidades romanas fundadas entre 300 a.C. e 150 d.C. Quaisquer que tenham sido os motivos de sua criação, foram planejadas e construídas para satisfazer às necessidades de todos os que nelas habitaram. Essa concepção de urbanismo constitui a base de qualquer cidade realmente bem-sucedida e hoje dela necessitamos mais do que nunca.

Durante quase 200 anos, o trigo e a uva do fértil vale do Pó, no norte da Itália, eram reunidos nos pequenos mercados das aldeias e transportados para Roma de barco. Na primavera de 26 a.C., uma inundação desastrosa destruiu não só as aldeias às margens do Pó, como também uma ponte importante. Assim que recebeu a notícia, o imperador Augusto enviou à região do sinistro quarenta e cinco engenheiros militares, entre eles urbanistas, arquitetos, geômetras e técnicos em construção. Estes deveriam dirigir a construção de uma nova ponte e de novas estradas, e preparar os projetos de uma nova cidade, que recebeu o nome de Verbonia — Augusta (em homenagem ao imperador) Verbonia.

Augusto esperava juntar as aldeias que restavam numa só praça de comércio segura e ativa, aumentando assim a quantidade de víveres que chegaria a Roma. Para acelerar o desenvolvimento da nova cidade, enviou à região dois mil soldados reformados, que deveriam ajudar na construção de Verbonia e tornar-se seus primeiros cidadãos.

Para começar, os geômetras escolheram o lugar da nova cidade: um local plano mas em ligeiro declive, para garantir uma boa drenagem, e suficientemente elevado para escapar, no futuro, às inundações. Um sacerdote romano examinou o fígado de um coelho e de um faisão capturados na região para determinar se era um lugar salubre. Constatou-se que os animais eram sadios e, explorando-se a região, não se descobriram pântanos: agradeceu-se então aos deuses, e a escolha do local foi oficialmente confirmada.

Em seguida, os soldados e os escravos que haviam com eles viajado assentaram um acampamento militar ou *castrum*. Começaram por demarcar um espaço retangular cavando um fosso de proteção e erguendo uma paliçada ao seu redor. Traçaram então as duas ruas principais, de norte a sul e de leste a oeste. Estas se cruzavam em ângulo reto no canto de um terreno alongado e descoberto, o *forum*, onde os soldados se reuniam todos os dias

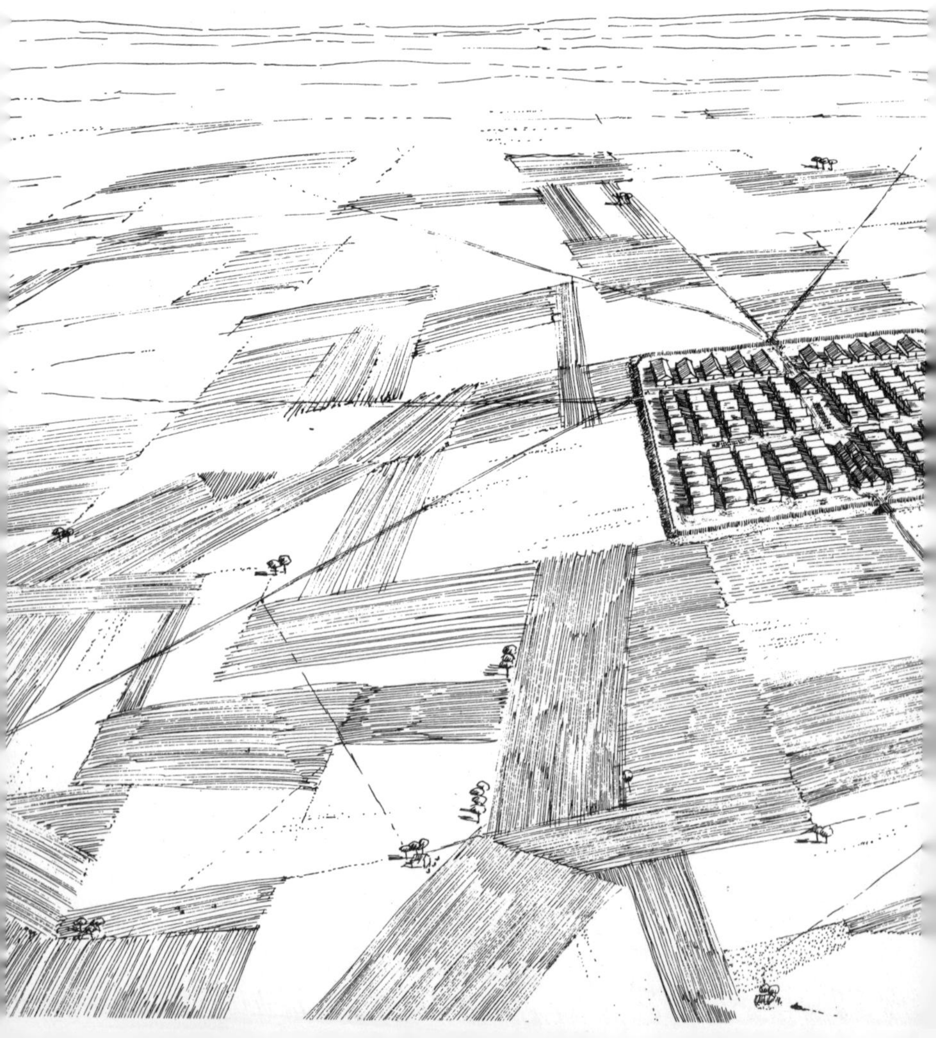

para receber as ordens. Numa extremidade do *forum* estava armada a barraca do comandante. O resto do *castrum* era ocupado pelas fileiras de barracas que abrigavam os soldados, os escravos e os reservas.

Nos meses que se seguiram, todas as barracas foram substituídas por alojamentos permanentes de madeira e construiu-se uma ponte provisória sobre barcos ancorados de um lado a outro do rio.

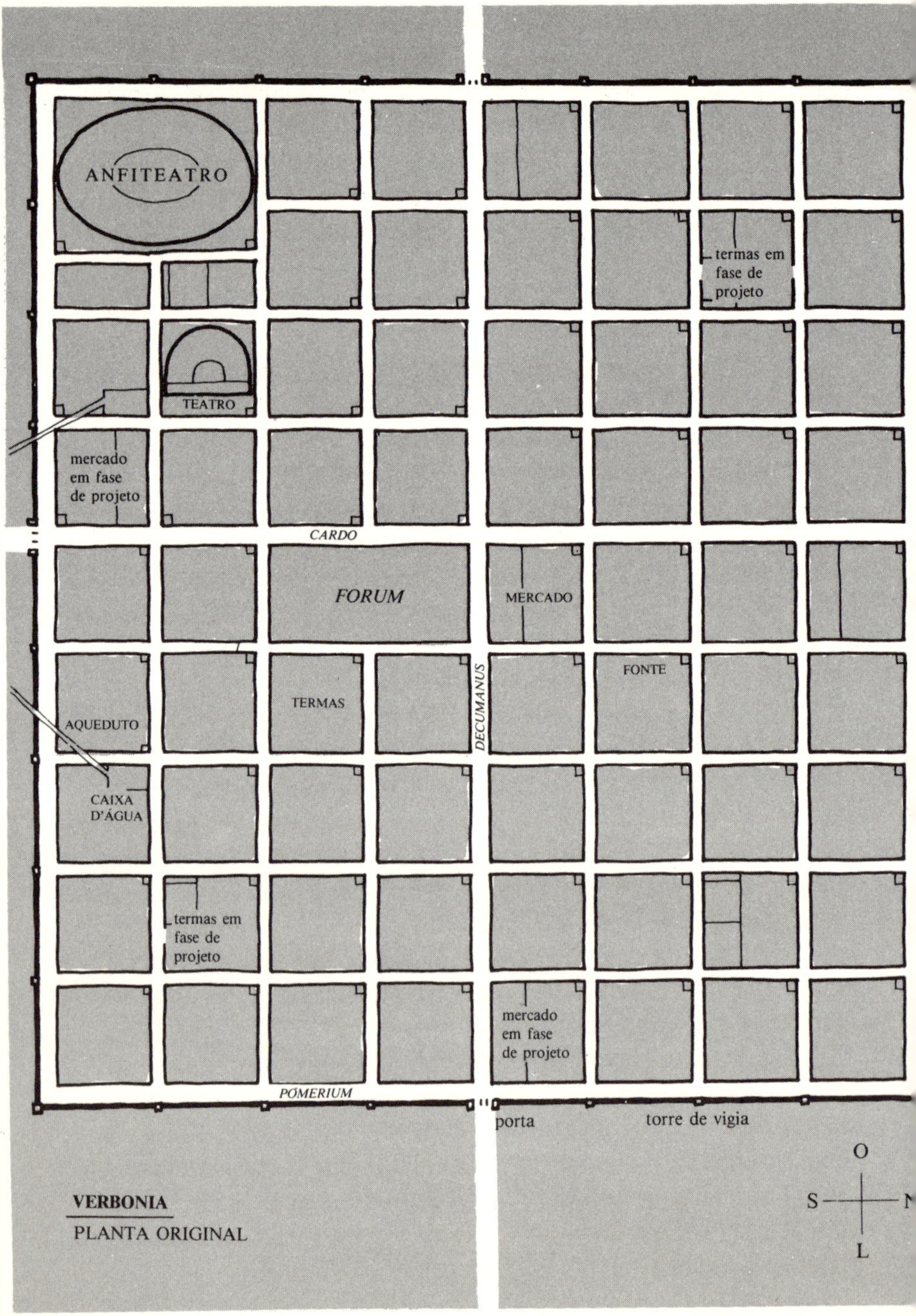
ANFITEATRO
termas em fase de projeto
TEATRO
mercado em fase de projeto
CARDO
FORUM
MERCADO
FONTE
TERMAS
DECUMANUS
AQUEDUTO
CAIXA D'ÁGUA
termas em fase de projeto
mercado em fase de projeto
POMERIUM
porta
torre de vigia
O
S
L
VERBONIA
PLANTA ORIGINAL

Os engenheiros trabalharam durante todo o inverno em seus cálculos, projetos e desenhos. Na primavera de 25 a.C. (728 do calendário romano), o projeto original de Verbonia estava pronto. O centro do *castrum* tornou-se o centro da cidade. A rua principal norte-sul passava a chamar-se *cardo* e a que ia de leste a oeste, *decumanus*. Ambas foram alargadas e prolongadas, e as dimensões do acampamento atingiram seiscentos e sessenta metros de comprimento por quinhentos e sessenta de largura, o que permitia uma população de quase 50.000 pessoas. Para os urbanistas, um número maior de habitantes corresponderia a uma cidade grande demais e incapaz de satisfazer às necessidades das pessoas.

Toda a extensão da cidade, que se assemelhava a um tabuleiro de xadrez, era recortada por vias. Quase todos os quarteirões ou *insulae* eram quadrados de setenta metros de lado. Previu-se cercar a cidade com uma muralha alta, com portas fortificadas na passagem das duas ruas principais. Ao redor da cidade, mas dentro dos muros, colocaram-se estacas numa faixa de terra de nove metros de largura, o *pomerium*, que representava a fronteira sagrada da cidade: o terreno assim delimitado estava sob a proteção dos deuses.

Os urbanistas previram no projeto instalações que deveriam servir a todos. Desenharam um *forum* novo e maior, futuro centro administrativo e religioso da cidade. Instalaram chafarizes públicos, o aqueduto que forneceria água, um mercado central, banhos públicos e sanitários, e o bairro dos espetáculos com teatro e anfiteatro. Reservaram também terrenos para construções posteriores.

Decretaram que a altura das construções particulares não poderia ultrapassar o dobro da largura da rua em que se localizavam. Assegurava-se assim que as ruas seriam sempre ensolaradas. Para as construções cujas fachadas davam para uma das ruas principais, os urbanistas exigiram que seus proprietários construíssem, às próprias custas, um pórtico acima da calçada para o conforto e a proteção de todos os pedestres.

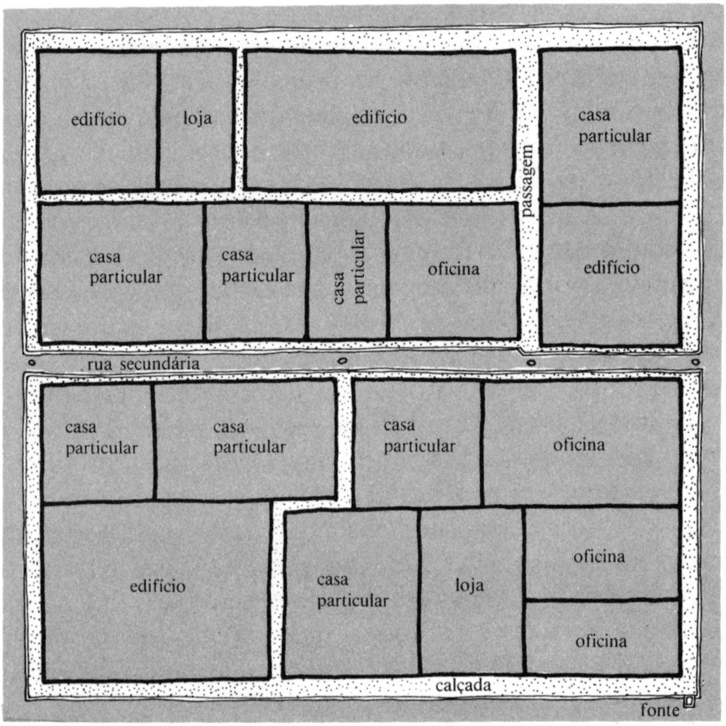

UMA *INSULA* TÍPICA

O projeto deixava toda a liberdade aos habitantes para darem à cidade seu aspecto e suas características através de construções que erguiam para uso próprio.

Cada *insula*, que o projeto deixava deliberadamente vazia, deveria ser finalmente preenchida por construções de todos os tamanhos e cortada por ruas secundárias e passagens estreitas.

Algumas *insulae* destinadas a particulares foram distribuídas entre os soldados, comerciantes e camponeses. O nome dos proprietários e o tamanho de suas terras foram inscritos no projeto e enviados ao serviço de cadastro de Roma. Uma cópia do projeto, gravada em mármore, ficou exposta no *forum*. A terra fora doada aos primeiros colonos de Verbonia, mas cada um deles teve que pagar pela construção de sua própria casa.

No início do verão de 25 a.C., um sacerdote romano, com um arado puxado por uma vaca e um touro brancos, traçou um sulco ao redor do local. Era um ritual solene que demarcava o traçado das muralhas e assegurava à cidade a proteção dos deuses. Só se levantou o arado do chão no lugar das portas.

Após a cerimônia, os geômetras fizeram o traçado das ruas com um instrumento topográfico, a *groma*, para se certificarem de que estas se cruzariam em ângulo reto. A *groma* era uma vara de cerca de 1,20 m sobre a qual se fixava horizontalmente uma cruz. De cada extremidade da cruz pendia um fio de prumo. Quando os quatro fios estavam paralelos à vara, a *groma* estava perpendicular ao solo. A direção das ruas era cuidadosamente traçada quando se projetavam os quatro braços da cruz sobre o solo.

No campo, empregou-se o mesmo método para traçar as estradas e delimitar as propriedades.

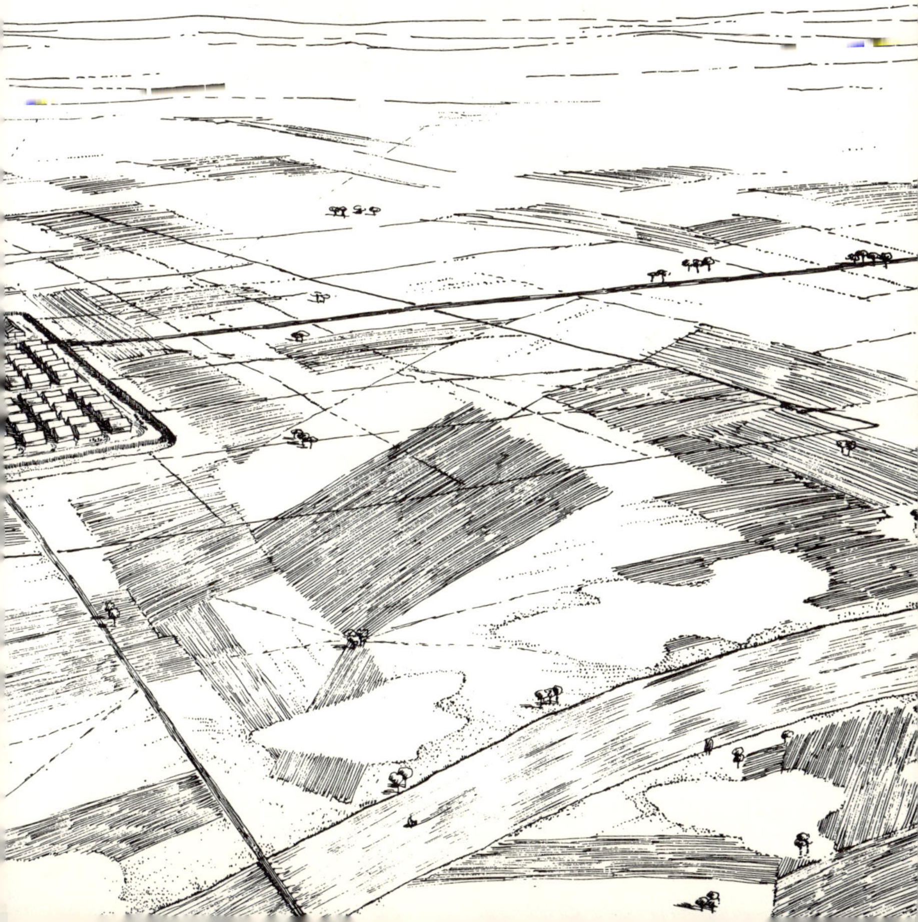

Os materiais de construção mais empregados em Verbonia eram a pedra, a argila, a argamassa e a madeira. A pedra e o calcário vinham de uma pedreira pertencente ao Estado. Além das numerosas oficinas, havia na pedreira uma forja onde se fabricavam e consertavam ferramentas e uma oficina de marcenaria onde eram construídos os guindastes e moitões.

Operários especializados trabalhavam no corte ou polimento da pedra e gravavam inscrições. Os serventes extraíam e erguiam os blocos. Geralmente cortava-se a pedra com uma serra. No caso de pedras muito resistentes, usava-se uma serra de lâmina sem dentes; colocava-se areia e limalha de aço sob a lâmina, e o movimento de vaivém da serra acabava por cortar o bloco. Se não era possível serrar, fazia-se uma série de furos onde eram introduzidas cunhas de madeira, que, uma vez molhadas, inchavam fazendo a pedra estourar ao longo da linha de buracos.

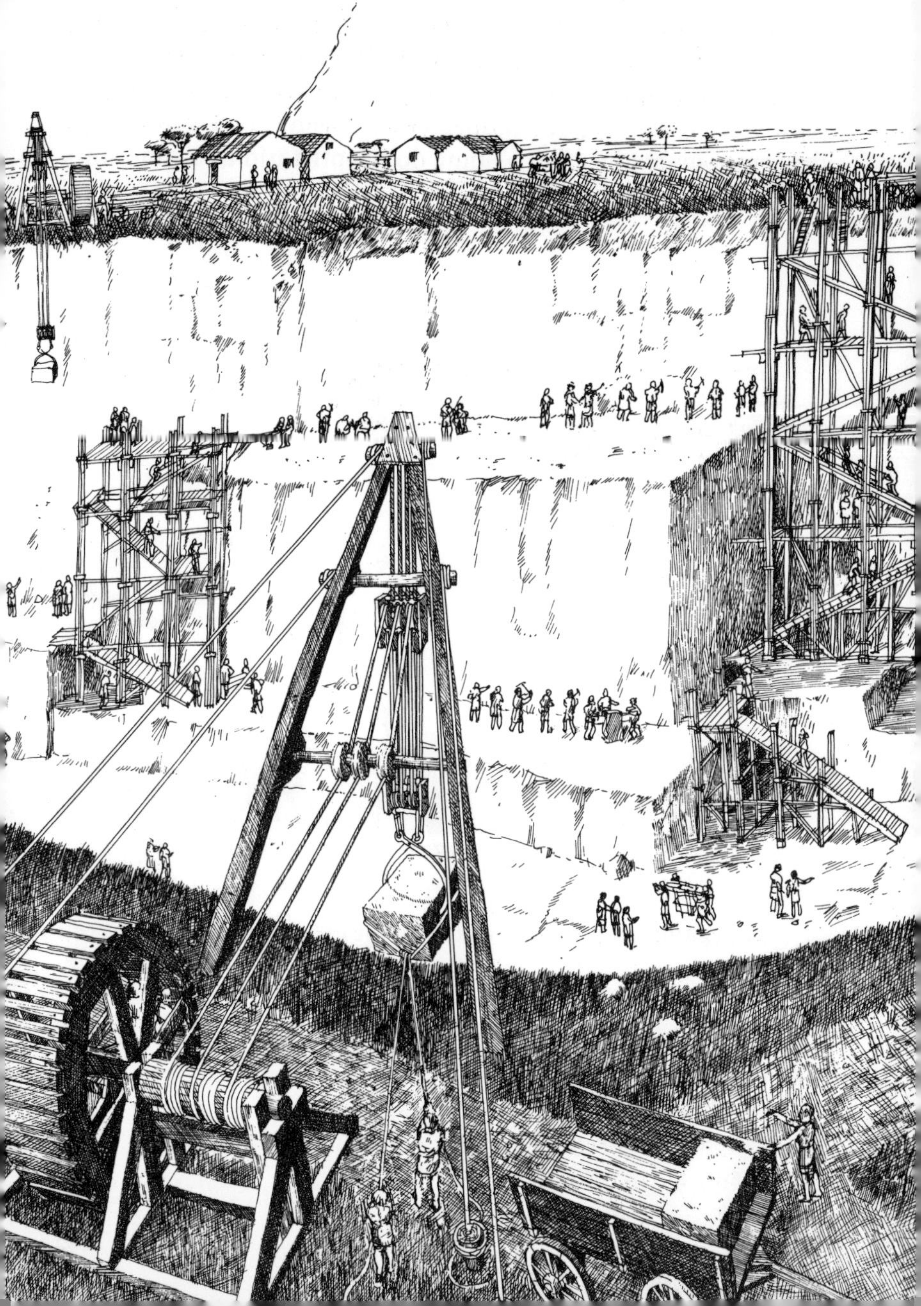

Com a argila eram produzidos tijolos e telhas nas manufaturas perto de Arretium. Esta era extraída de grandes poços e moldada em matrizes de madeira, de formato e tamanho padronizados. Quando se retirava o molde, colocava-se a argila úmida para secar e depois para endurecer no forno. Os tijolos e as telhas eram marcados com o nome do proprietário da manufatura e o do imperador.

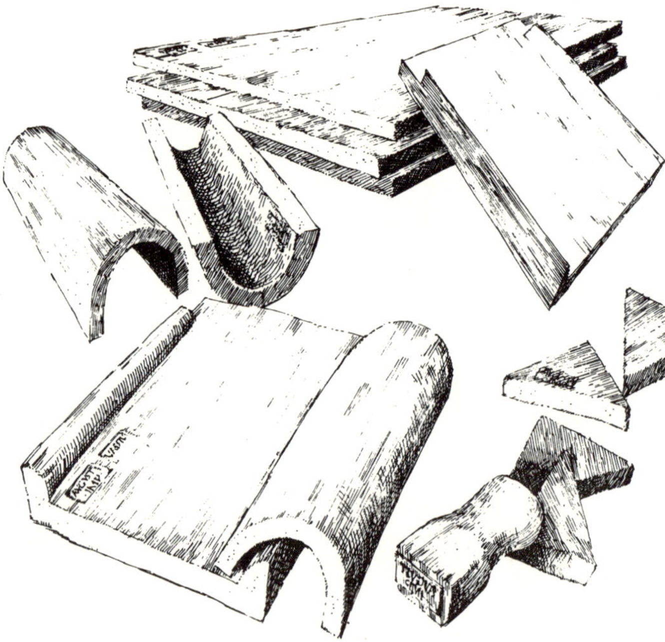

A argamassa utilizada entre os tijolos e as pedras e no concreto era composta de uma mistura de areia, cal (pó obtido aquecendo-se o calcário) e água.

Para se construir debaixo da água, juntava-se a ela uma espécie de cascalho, a pozolana, que tornava a argamassa muito dura quando pronta.

A madeira dos andaimes e vigas vinha de uma floresta situada ao sul, ao pé dos Apeninos.

Antes de começar a construção, era preciso procurar operários. Além dos soldados, muitos camponeses pobres das redondezas vinham trabalhar e se estabelecer na cidade. Mas os operários eram em sua maioria escravos; pertenciam ao Estado ou aos ricos empreiteiros, ou, ainda, eram prisioneiros de guerra, gauleses, gregos ou egípcios. Os operários, com exceção dos especializados, eram serventes que trabalhavam em equipes. Para manter o rendimento o mais alto possível, os operários eram quase tão bem tratados quanto os soldados.

TRABALHO NA PEDRA

TRABALHO NA MADEIRA

No momento da construção da cidade, foram necessárias as mais diversas ferramentas. A maioria era fabricada no local, nas forjas e oficinas. Os instrumentos de precisão, as réguas e os esquadros vieram de Roma.

As estradas e a ponte ficaram prontas antes que se iniciasse a construção da cidade. Antes de mais nada, os geômetras estaqueavam uma estrada para depois cavar uma valeta de cada lado, onde se colocava uma fileira de blocos para formar a borda da calçada. Em seguida cavava-se uma valeta mais profunda entre as duas bordas, que era preenchida por camadas de pedras cada vez menores. A camada superior formava o revestimento da estrada, levemente abaulada no centro para que a água da chuva escoasse para as valetas. A calçada era feita de pedras planas cuidadosamente juntadas. Todas as fendas eram preenchidas com pedras menores ou com ferro.

A partir da ponte de barcos, começou-se a construção da ponte definitiva, que deveria ser feita de madeira e sustentada por cinco torres de pedra, os pilares, construídos no rio. Foram feitas ensecadeiras para que os operários pudessem construir os pilares sem ter que trabalhar dentro da água. Primeiro enterravam-se estacas no leito do rio. Eram troncos de carvalho descascados e talhados em ponta, unidos por correntes para formar uma paliçada que o rio contornaria facilmente. Tapavam-se as fendas entre os pilares com argila, depois secava-se o seu interior bombeando a água.

Cada pilar repousava numa fundação de estacas de betume e era feito de pedras cuidadosamente talhadas na fachada e de pedras menores e não talhadas no interior. A argamassa das juntas continha pozolana. Quando os pilares estavam 9 m acima do nível da água, construíram-se entre eles abóbadas de madeira.

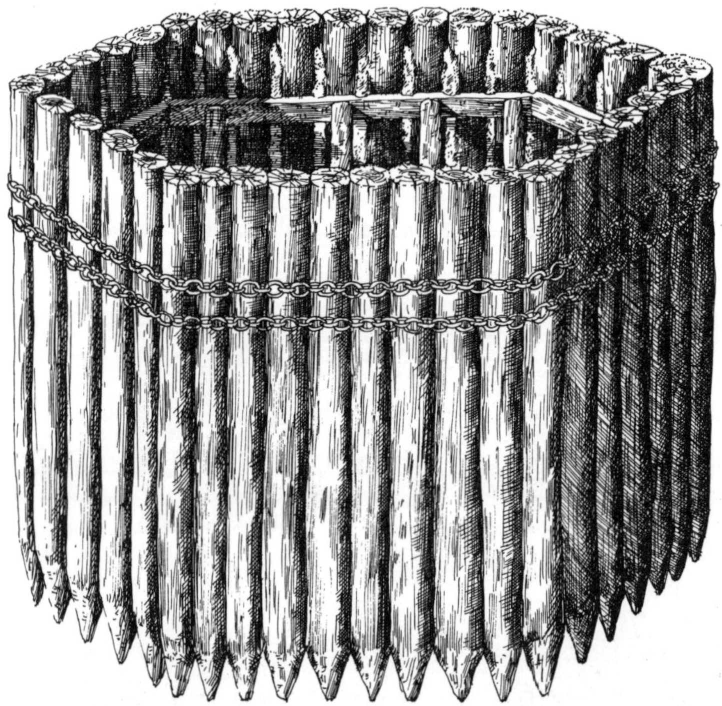

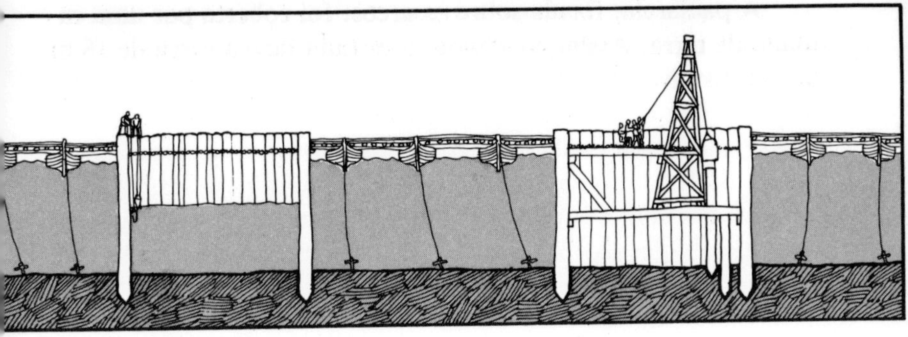

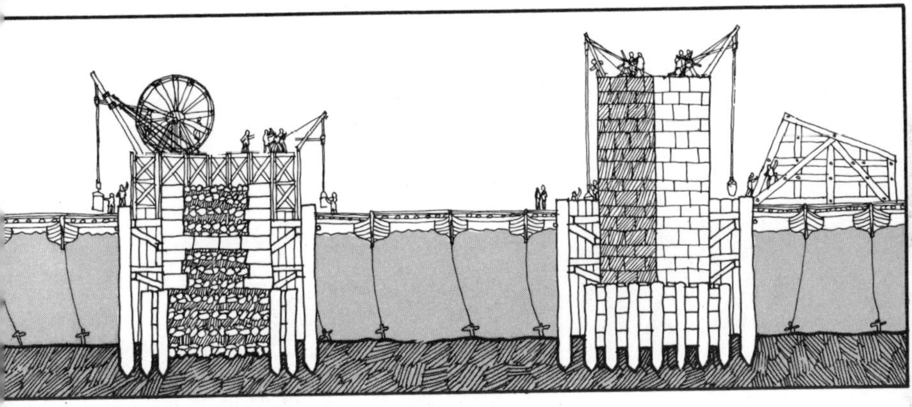

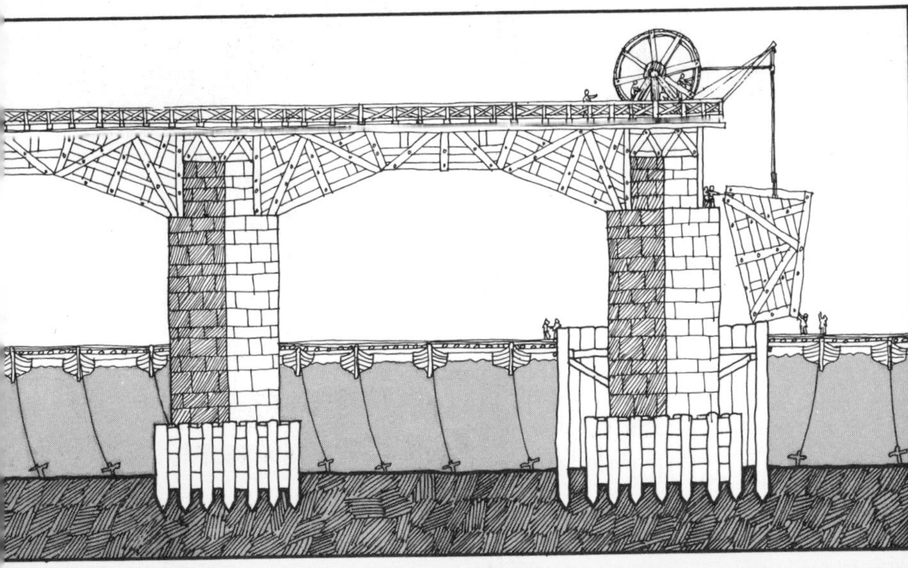

A passarela, fixada sobre os arcos, foi coberta por uma camada de terra. Assim concluída, a estrada ficava cerca de 18 m acima do nível do rio.

A seguir, construiu-se a muralha da cidade. Na extensão do sulco foram feitos dois grandes fossos, entre os quais se fez um aterro. Dos dois lados, esse grande aterro foi reforçado com um muro de pedras. A base do muro externo ficava 9 m abaixo do solo, o que praticamente impedia as perfurações na galeria sob a muralha. O muro externo era encimado por ameias. Os soldados podiam abrigar-se atrás das partes mais altas enquanto lançavam projéteis por cima das partes baixas. O muro interno era bem mais alto que o muro externo, para deter as pedras e as flechas que poderiam ser lançadas contra a cidade.

Os guindastes colocados sobre o aterro desciam os blocos. Eram acionados por quatro homens que, ao andarem, impulsionavam uma roda de madeira situada na base do guindaste. Ao girar, a roda movimentava o eixo onde a corda se enrolava. Os engenheiros controlavam constantemente a horizontalidade de cada base de pedras.

As pedras eram unidas com grampos de ferro em forma de I que se encaixavam em incisões já preparadas. Chumbavam-se os grampos deixando-se escorrer chumbo fundido sobre cada junção.

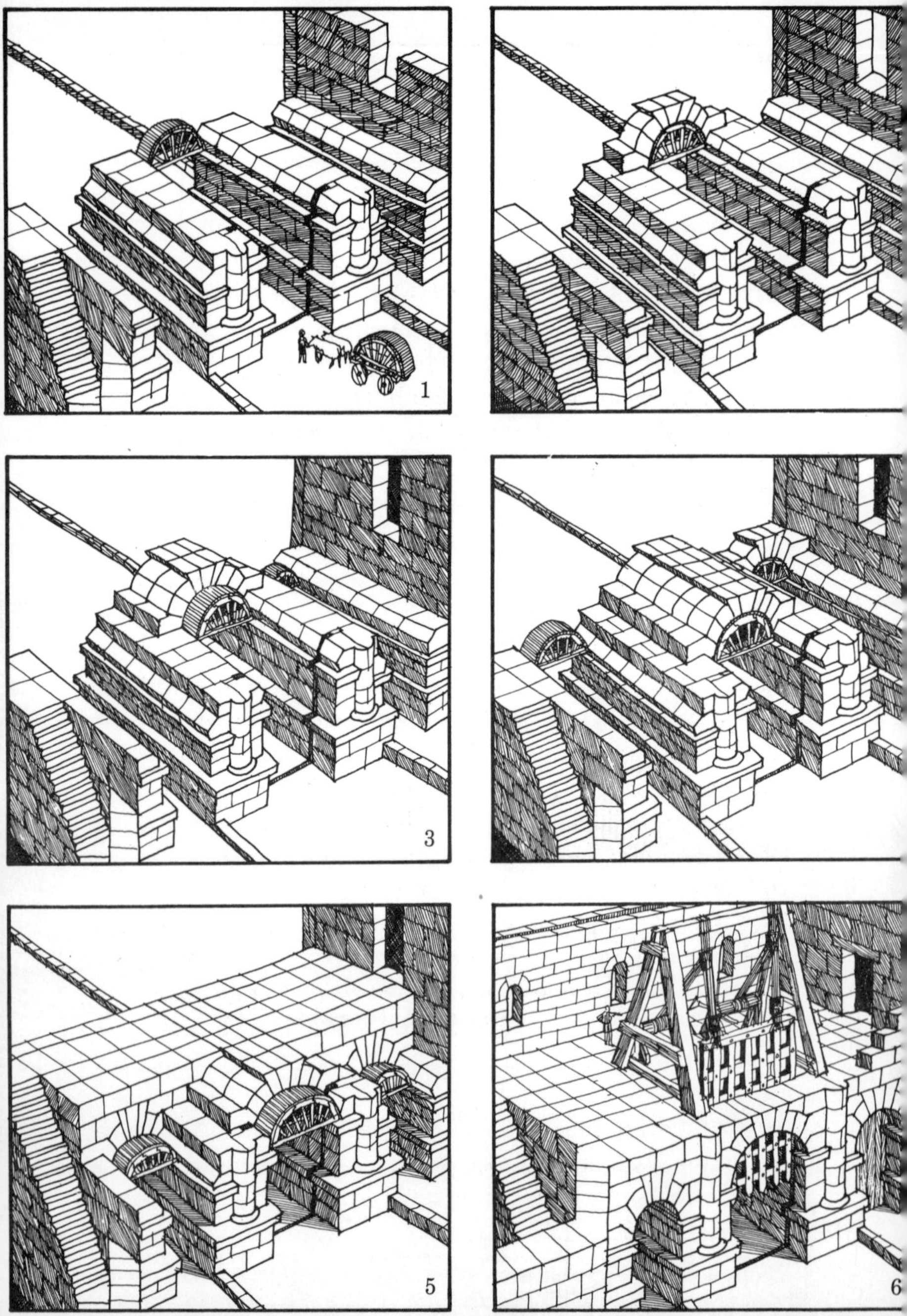
1
3
5
6

Cada porta tinha três passagens em abóbada, uma para a estrada e duas para pedestres. Terminados os muros, colocou-se de cada lado da estrada uma armação arredondada, apoiada em blocos salientes. Em seguida, partindo dos dois lados, os pedreiros colocaram pedras em forma de cunha sobre a armação, até o fecho da abóbada que completava o arco. Depois, fizeram a armação deslizar para construir outro arco ao lado do primeiro. Repetiram a operação até que a passagem estivesse inteiramente coberta por um teto semicircular chamado abóbada de berço.

As passagens laterais eram fechadas por pesadas portas de madeira. A passagem central era igualmente protegida por uma grade levadiça de madeira, que era manobrada de uma sala situada acima da rua. As portas e a grade eram recobertas por placas de bronze.

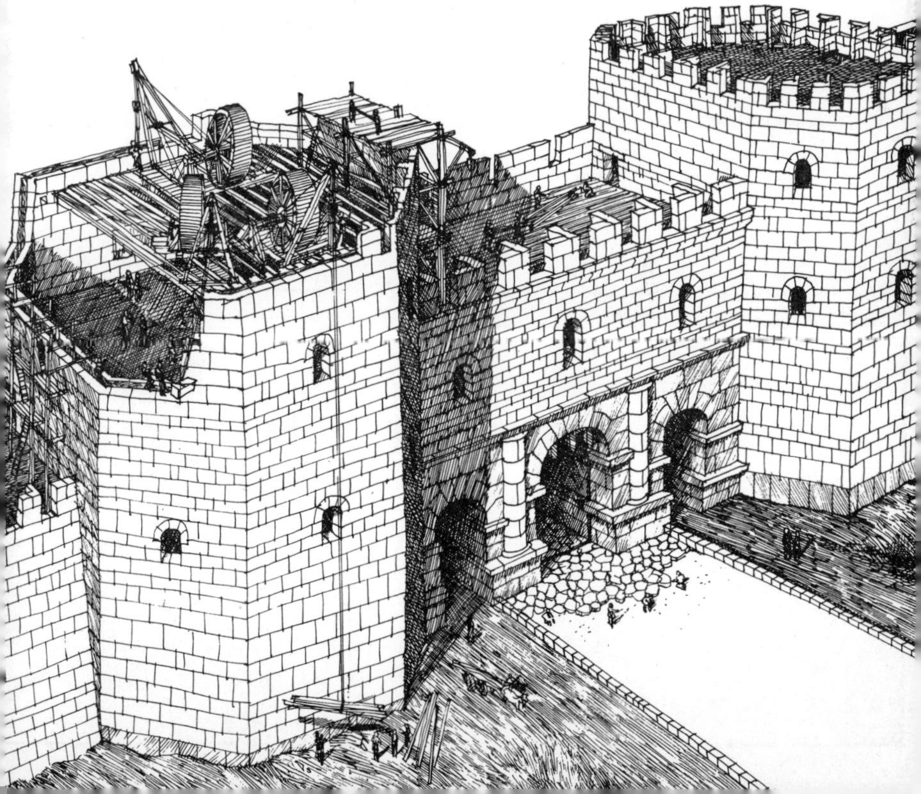

Em toda a extensão do muro e de cada lado das portas principais foram construídas altas torres de vigia para reforçar a proteção.

No início, Verbonia extraía água potável de poços situados dentro dos próprios muros.

Mas os urbanistas sabiam que, com o crescimento da população, esses poços já não seriam suficientes. Propuseram-se então a construir uma tubulação ou aqueduto para trazer água dos lagos de montanhas situadas a 60 km ao sul.

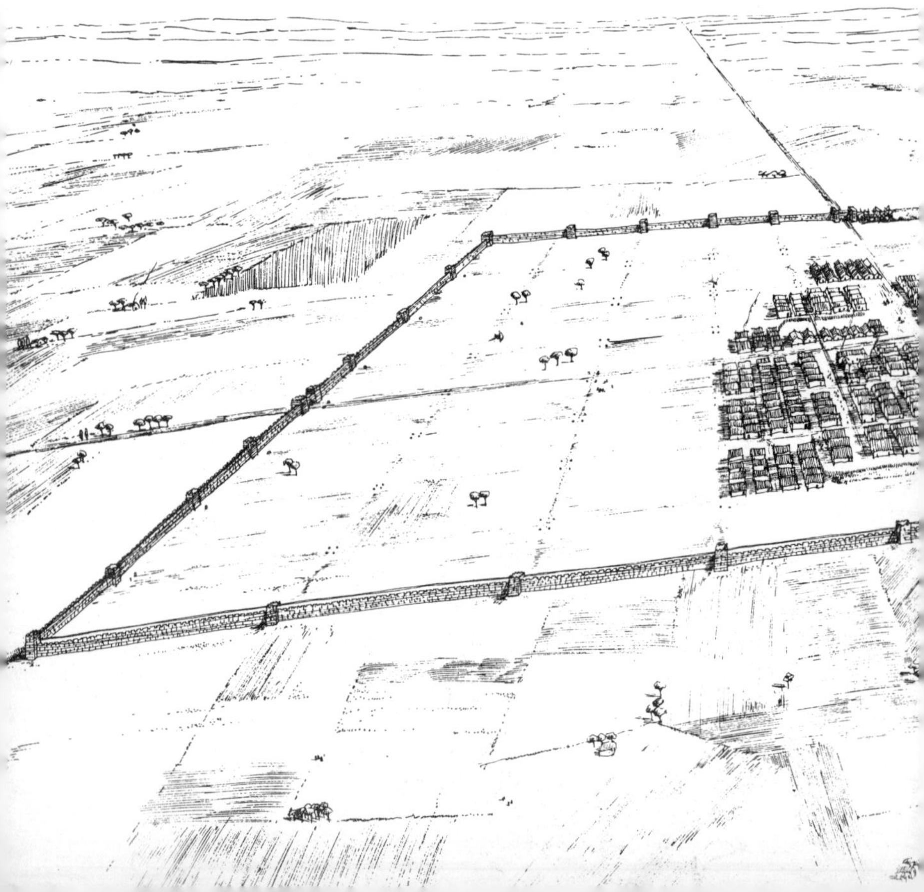

Após terem escolhido o melhor traçado para o aqueduto, desenharam numa planta o corte do terreno com suas colinas e vales. Para realizar esse corte, os agrimensores utilizaram instrumentos de nivelamento chamados níveis. Sabia-se que o nível estava horizontal quando os fios de prumo fixados na prancha superior estavam paralelos aos pés. A horizontalidade também era verificada jogando-se água numa ranhura escavada na prancha: quando a distância entre a superfície da água e a superfície da prancha era a mesma em torno de toda a ranhura, o instrumento estava bem em nível. Através do nível, os agrimensores puderam determinar uma linha horizontal imaginária por todo o traçado do aqueduto. A cada 1,20 m, anotava-se a distância entre o solo e esta linha e, quando esta foi traçada no pergaminho, demarcaram-se, por baixo, essas cotas verticais. Juntando-se os pontos indicados por uma linha sinuosa, os topógrafos obtiveram o perfil exato do terreno. Em seguida os engenheiros desenharam o aqueduto na planta e puderam ver com facilidade os locais onde ficaria: acima, abaixo ou no nível do solo.

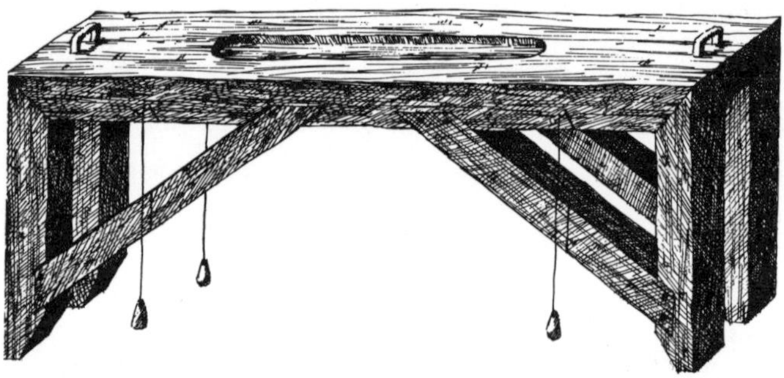

Do começo ao fim, o aqueduto devia ter uma inclinação contínua para assegurar a circulação da água.

Para que ninguém pudesse roubar ou envenenar a água, construiu-se um aqueduto de cerca de 15 m de altura. Repousava sobre uma fileira contínua de arcos construídos sobre altos pilares quadrados, apoiados em enormes alicerces.

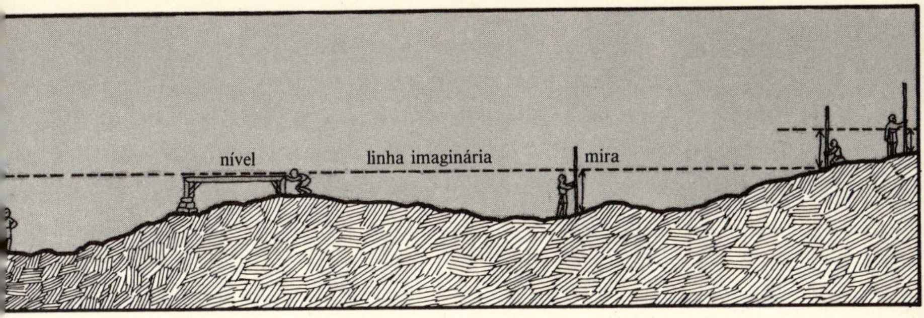
nível
linha imaginária
mira

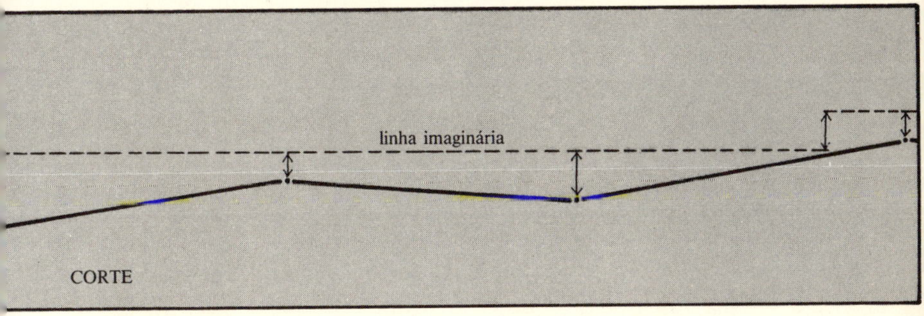
linha imaginária
CORTE

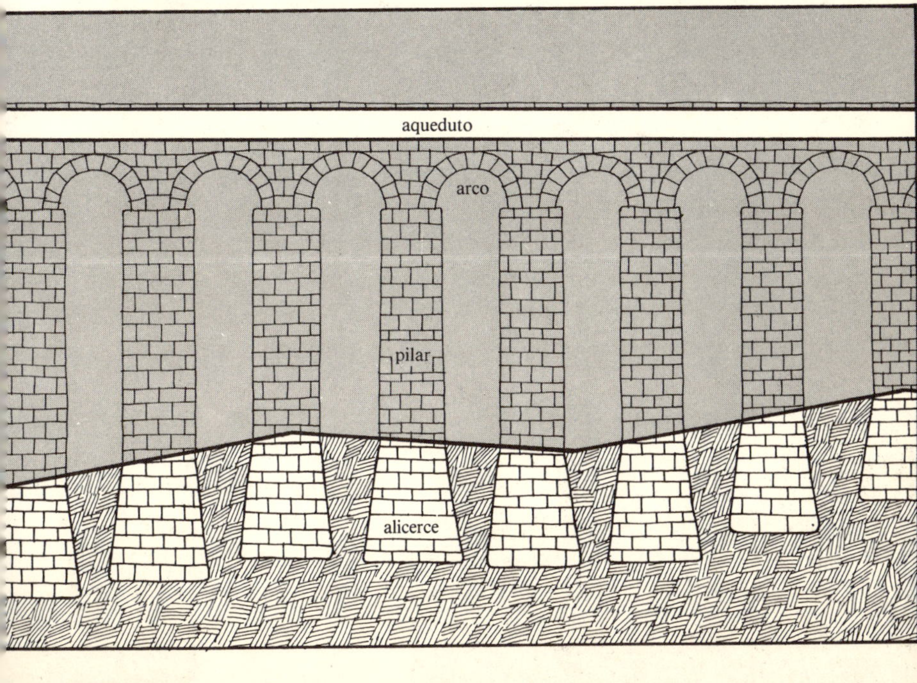
aqueduto
arco
pilar
alicerce

Os alicerces e os pilares eram de concreto com acabamento de pedras de cantaria: exteriormente os blocos eram de alvenaria, enquanto se moldavam camadas de concreto na parte interna. Para fabricar o concreto, os pedreiros colocavam primeiro uma camada de pedras não talhadas, que eram em seguida recobertas e ligadas pela argamassa. Concluída a pega da argamassa, recomeçava-se o processo.

Concluídos dois pilares, construía-se um arco entre eles e, por cima, o aqueduto propriamente dito, uma tubulação de pedra de formato retangular de aproximadamente 1,20 m de largura por 1,80 m de altura. Para evitar vazamentos, a parte interna da tubulação era revestida de reboco muito resistente.

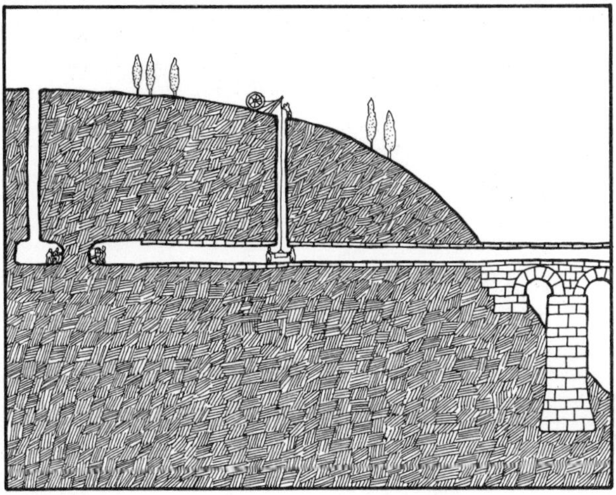

O traçado planejado para o aqueduto impôs a abertura de uma pequena galeria numa colina. Mais ou menos a cada 20 m, perfuravam-se poços verticais até o nível do aqueduto em construção. A profundidade dos poços era medida a partir do desenho do corte do terreno.

Os operários uniam as extremidades dos poços e, assim que um pedaço ficava pronto, trabalhavam no revestimento de pedra e de reboco.

O engenheiro-chefe do serviço de águas, Appius Fluvius, saía da cidade a cavalo uma vez por semana para inspecionar as obras. Os chefes de equipe e os operários viviam nos acampamentos móveis que se afastavam da cidade acompanhando o aqueduto. Este se estendia por 30 km ao longo da estrada principal, e os operários muitas vezes paravam de trabalhar para olhar o desfile

contínuo dos mercadores e dos proprietários de terra. Cerca de três anos depois do início da construção, era possível observar muitas famílias pegando a estrada rumo à cidade, inclusive as dos soldados aquartelados em Verbonia. Após cinco anos de trabalho, o aqueduto já se destacava da estrada principal e, dois anos mais tarde, estava concluído.

Antes que a muralha da cidade estivesse concluída, começou-se a construção das ruas, que foram feitas tendo em mente os usuários. Construíram-se então as calçadas necessárias e foram promulgados regulamentos muito rigorosos sobre a circulação de veículos e de carroças para não comprometer nem a saúde, nem a segurança dos pedestres.

Durante o dia só era autorizada a circulação de veículos que transportassem material de construção. As entregas, portanto, deviam ser feitas à noite ou de manhã bem cedo. Muitas casas eram servidas por ruas de mão única ou becos sem saída, o que reduzia o tráfego muito barulhento de carroças e cavalos.

As calçadas ficavam 45 cm acima da rua, para impedir que os veículos subissem nelas acidentalmente, abalroando os pedestres. Foram encaixados blocos de pedra pela rua para ligar as calçadas. As carroças e os animais conseguiam ultrapassar os blocos se andassem devagar. Estes contribuíam assim para que se respeitasse o limite de velocidade. Quando chovia, a água escoava da rua para os esgotos situados sob as calçadas. Os blocos permitiam que se atravessasse a rua sem molhar as sandálias. Foram concluídos primeiro o *cardo* e o *decumanus*, depois as outras ruas à medida que os bairros correspondentes se desenvolviam.

No ano 20 a.C., Appius e sua equipe começaram a instalar a rede de abastecimento de água da cidade. O aqueduto atravessou o muro sul e foi ligado a duas cisternas, profundos reservatórios retangulares com muros de concreto e revestimento interno e externo de tijolos triangulares. A pequenos intervalos, intercalavam-se três fileiras de grandes tijolos chatos. Desta forma, o empreiteiro podia garantir, se necessário, a horizontalidade da construção.

Cada cisterna foi recoberta por uma abóbada de berço de concreto. A abóbada era construída sobre uma armação de madeira semicircular colocada sobre um andaime entre as duas paredes da cisterna. A princípio, faziam-se arcos de reforço de tijolo, a cada três metros, depois recobria-se a fôrma com tijolos lisos e, por cima, colocava-se uma espessa camada de concreto. Uma vez o concreto endurecido, deslocava-se a fôrma para repetir a a operação. Foi possível cobrir toda a cisterna com a mesma fôrma. Os tijolos, no intradorso da abóbada e nas paredes, receberam um revestimento muito resistente. Deu-se à parte superior da abóbada a forma de um telhado de duas águas coberto de telhas.

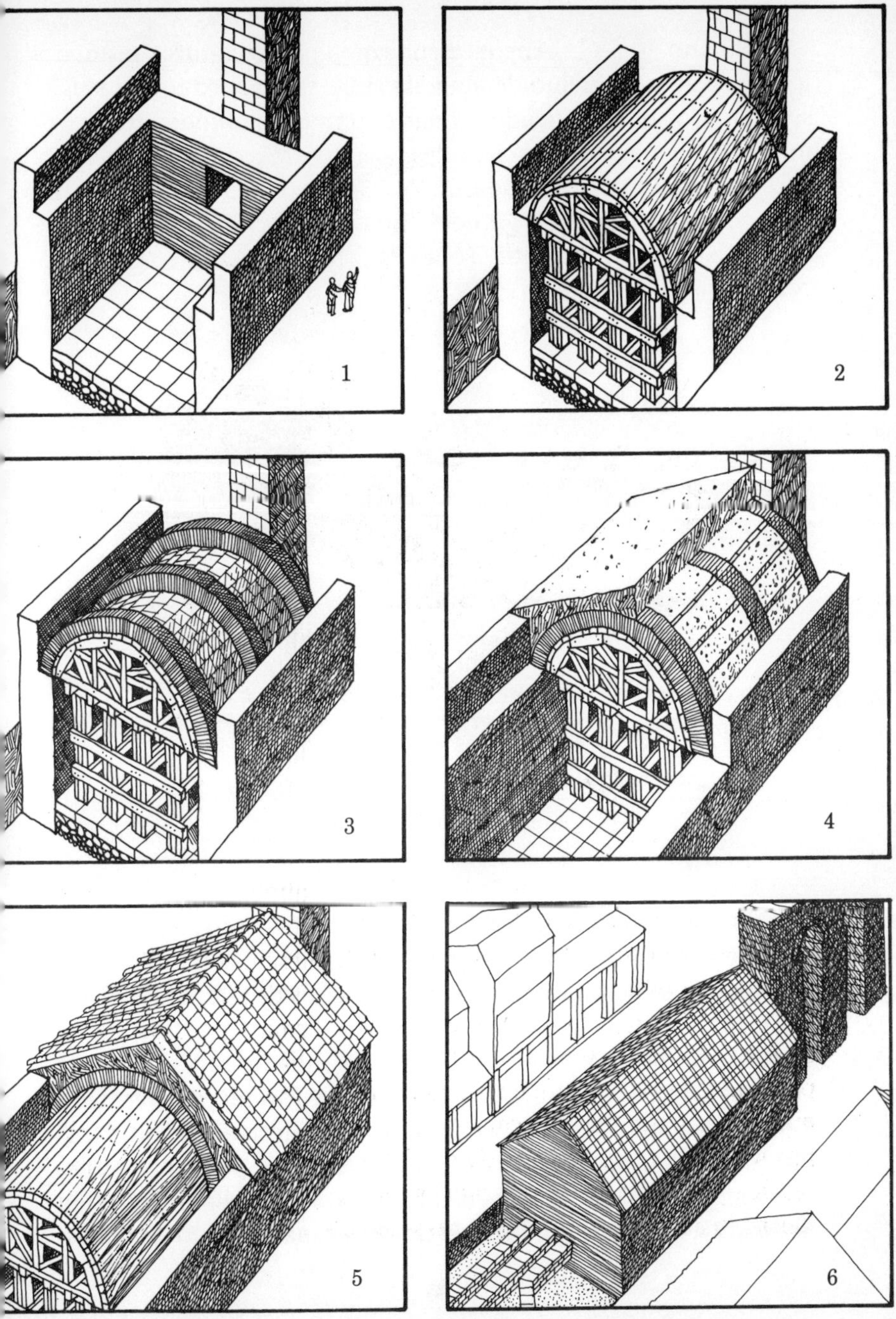
1
2
3
4
5
6

No fundo da cisterna, a parede tinha várias válvulas que distribuíam água pelos tubos de chumbo que abasteciam as fontes públicas, as latrinas, as termas ou as casas dos ricos. Quando havia pouca água, fechavam-se as válvulas das casas particulares, e depois, se necessário, as das termas e latrinas. Assim, as fontes públicas que forneciam água à maioria dos habitantes de Verbonia eram as últimas a secar. A água das casas ricas era trazida primeiro aos reservatórios de chumbo situados sobre altos pilares de tijolos; descendo por outros tubos, ela adquiria pressão suficiente para abastecer todas as casas ligadas à mesma caixa d'água.

Para que a rede de abastecimento de água funcionasse bem, era necessária uma rede de evacuação que também funcionasse bem. Os esgotos construídos primitivamente sob as calçadas, para o escoamento da água da chuva, foram aumentados e ligados aos edifícios públicos e particulares por canalizações de terracota. Alguns esgotos tinham 1,80 m de profundidade. Eram todos construídos em pedra e argamassa e recobertos por lajotas de pedra removíveis para permitir eventuais reparos. As lajotas eram recobertas de terra batida por onde passavam as tubulações de chumbo que vinham das caixas d'água.

Todos os esgotos foram ligados a duas tubulações, galerias com altura suficiente para que se pudesse andar nelas. Passavam sob a muralha da cidade e despejavam a água no rio. Eram fechadas por grades de ferro que deixavam a água passar, mas impediam que se entrasse nelas.

No ano 19 a.C., as muralhas estavam concluídas e começou-se a trabalhar nas duas áreas públicas mais importantes, o *forum* e o mercado.

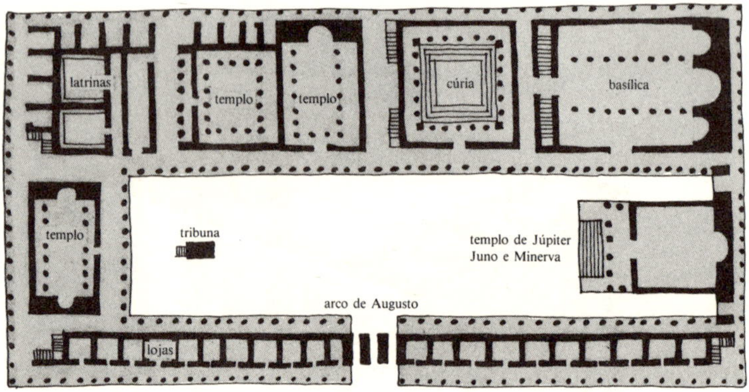

PLANTA DO *FORUM*

O *forum* era um espaço pavimentado que ocupava duas *insulae*. Numa extremidade, construiu-se o mais importante de todos os templos do *forum*, o de Júpiter, Juno e Minerva. Do outro lado e em frente ao templo, encontravam-se os rostros, tribunas de onde se proferiam discursos e se promulgavam decretos. Numa das extensas laterais do *forum* foram erguidas a cúria, a sala de reunião dos conselheiros municipais eleitos e o tribunal ou basílica. O templo foi construído de pedra talhada bem polida, enquanto os dois outros edifícios eram de concreto, revestidos de tijolos e uma fina camada de pedra. O madeiramento dos telhados era composto de estruturas triangulares de madeira, as asnas, cobertas de telhas de terracota.

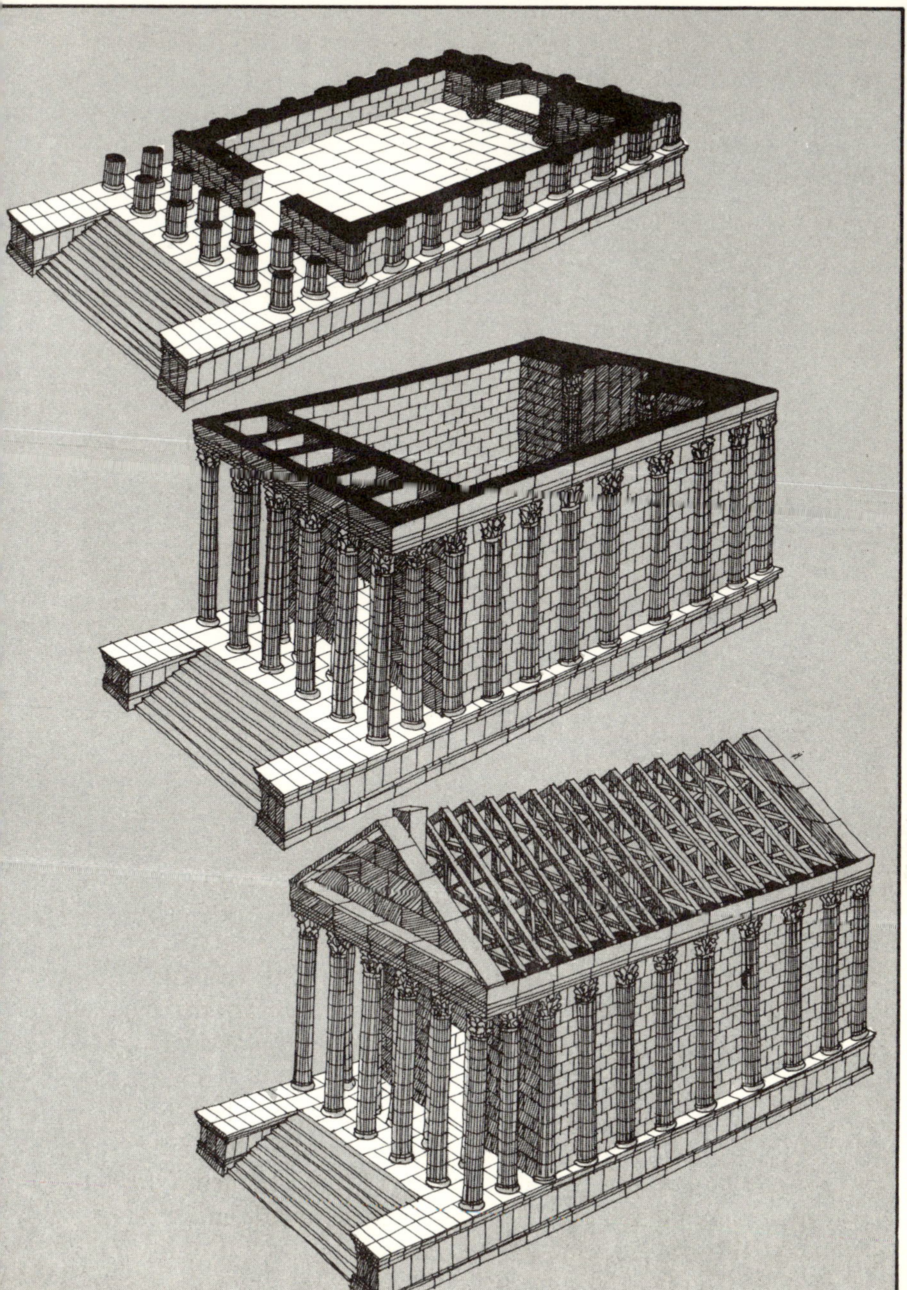

O *forum* e seus edifícios foram circundados por uma colunata ou pórtico. As colunas eram compostas por cilindros de pedra sobrepostos uns aos outros, ou construídas de tijolos ligados por argamassa e recobertos, em seguida, por um revestimento exterior.

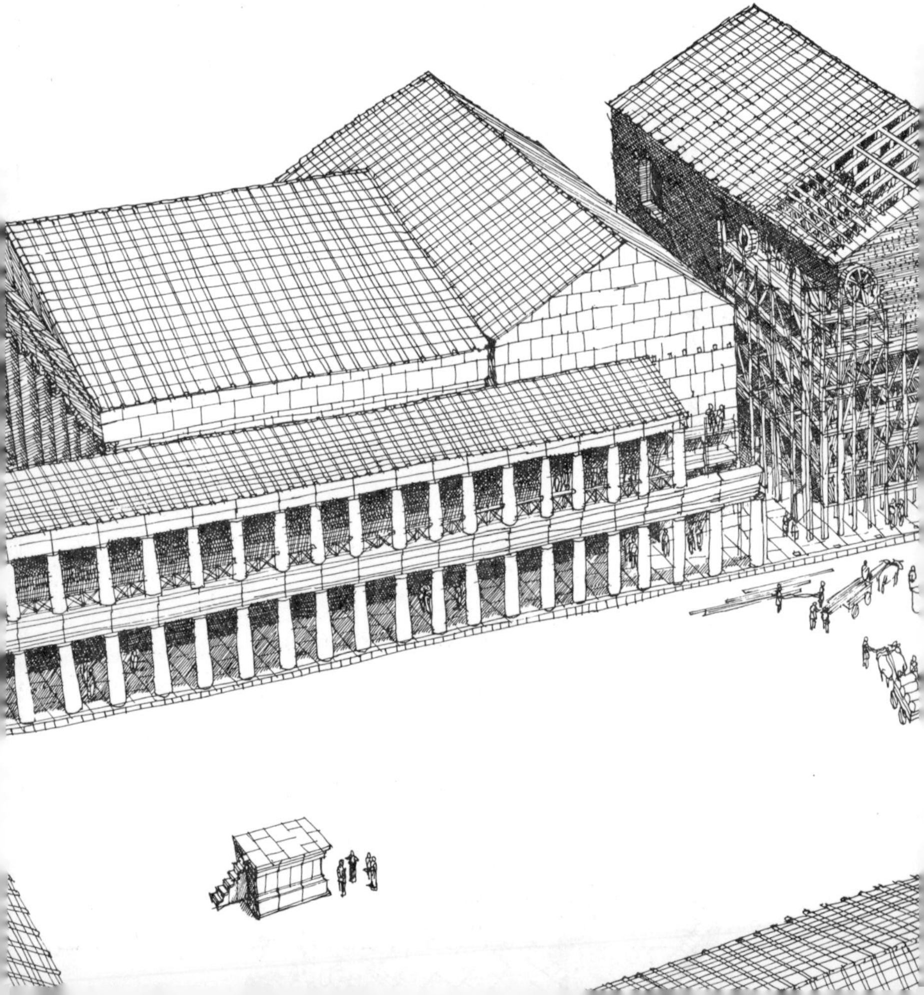

Construiu-se um edifício alongado de um andar e um pórtico de cada lado para separar o *forum* da agitação das ruas. Embaixo, havia pequenas lojas que davam para a rua; no andar superior, escritórios e salas de aula que davam para o *forum*.

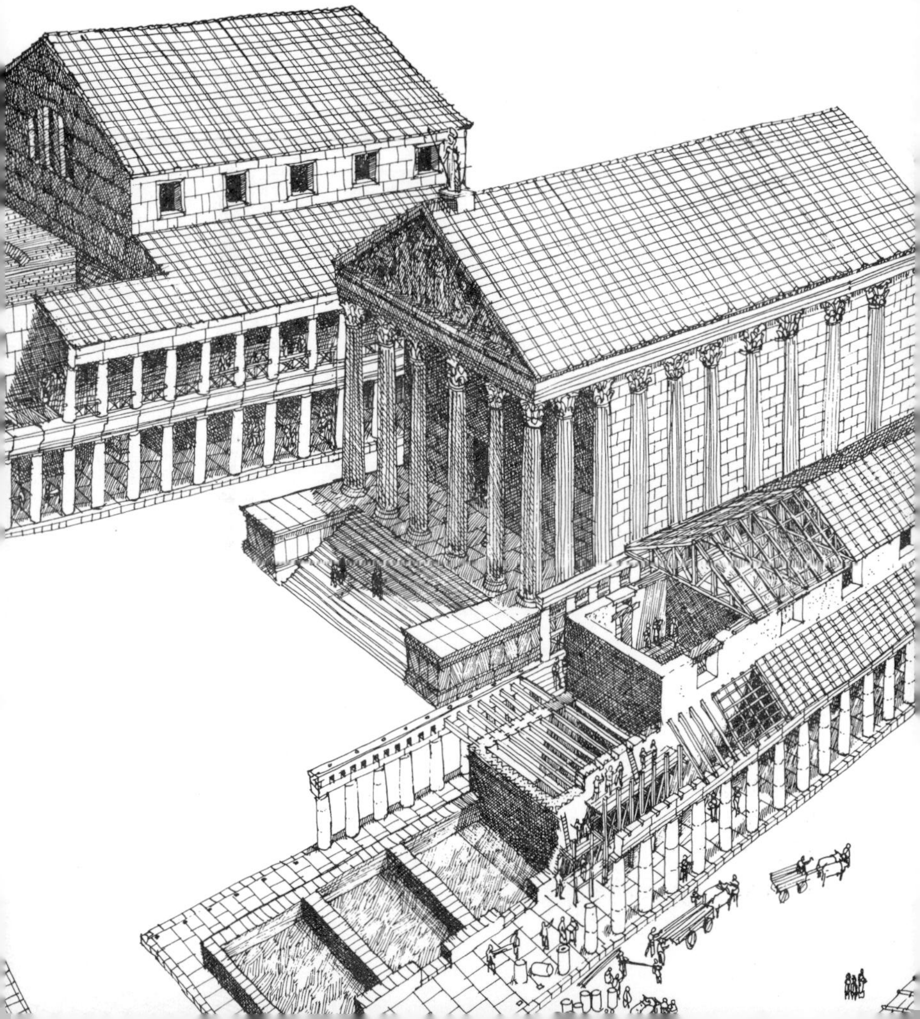

À entrada principal do *forum*, no *cardo*, construiu-se, em homenagem ao imperador, um grande arco de triunfo. Era feito de concreto com revestimento de tijolos e folheado de mármore colorido. Nos dias de festa, era por esse arco que as procissões entravam no *forum*.

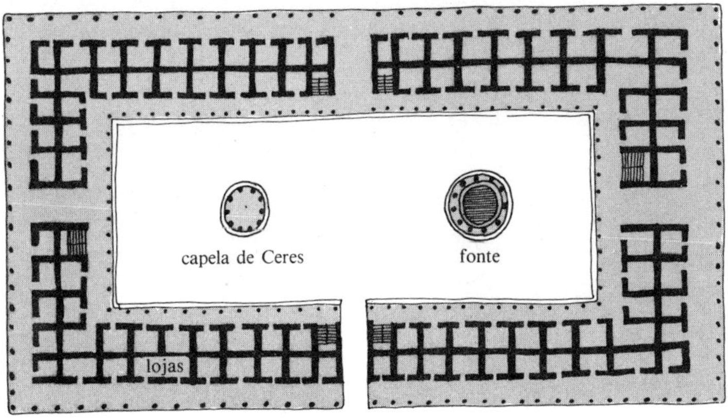

PLANTA DO MERCADO CENTRAL

Havia sempre templos sendo ampliados ou restaurados, e o *forum* só foi realmente concluído depois de dois séculos. Mas o mercado central, do outro lado da rua, foi terminado em menos de cinco anos. Nada surpreendente, pois o papel principal de Verbonia era o de praça comercial.

O local descoberto onde os camponeses e os comerciantes armavam suas bancas cobria quase a metade de uma *insula* e era cercado por todos os lados por um pórtico semelhante ao do *forum*. No centro havia uma fonte pública e uma capela dedicada a Ceres, deusa da agricultura.

Na sobreloja havia escritórios, muitos dos quais eram alugados a homens de negócios que possuíam estabelecimentos semelhantes em outras cidades, entre elas Roma. Estes compravam grande parte da produção do campo próximo e expediam-na para todos os mercados do Império.

Nas ruas próximas ao mercado, foram construídos entrepostos para estocar o trigo, o vinho e o óleo. Para que se conservassem frescos, o vinho e o óleo eram guardados em grandes jarros de argila, as ânforas, que eram enterradas. Para que a umidade não estragasse o trigo, este era estocado sobre um assoalho suspenso a 60 cm do solo, sustentado por pilares de tijolos. O ar passava pelos buracos de arejamento do assoalho e circulava facilmente em torno dos sacos de grãos. Havia também grandes entrepostos com muitas salas que davam para um pátio. A maior parte da colheita era transportada por barco: construíram-se então um cais e entrepostos ao longo do rio.

No início, todos se abasteciam no mercado central, mas, com o aumento da população, o mercado tornou-se muito pequeno: os urbanistas haviam previsto o crescimento e reservado no projeto locais para futuros mercados. Embora muito semelhantes quanto ao aspecto, um mercado se especializou em frutas e legumes, o outro em trigo e um terceiro, na porta norte, próximo ao rio, unicamente em peixe.

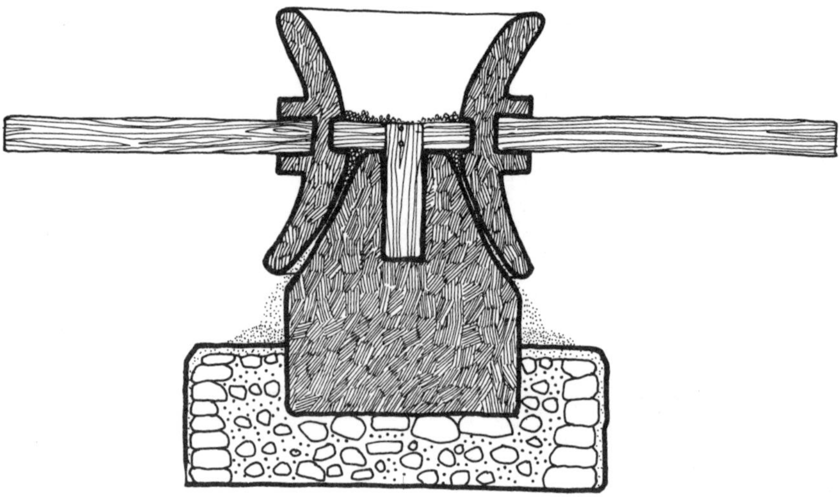

Nas ruas que iam de um mercado a outro, acumulavam-se as lojas e oficinas. Numa dessas ruas, Marcus Licinius, originário de Roma, mandou construir uma padaria. O pão era o principal alimento dos habitantes de Verbonia, e havia muitas padarias em toda a cidade. A farinha era produzida em moinhos de pedra. O moinho era feito de duas peças principais: a parte superior girava em torno da mó inferior quando se empurrava seu braço. O grão era esmagado e moído quando passava entre as duas mós. A farinha era recolhida debaixo do moinho. A massa era composta por uma mistura de farinha, água, sal e levedo. Era dividida em peças circulares achatadas, que se punham para assar num grande forno de tijolos.

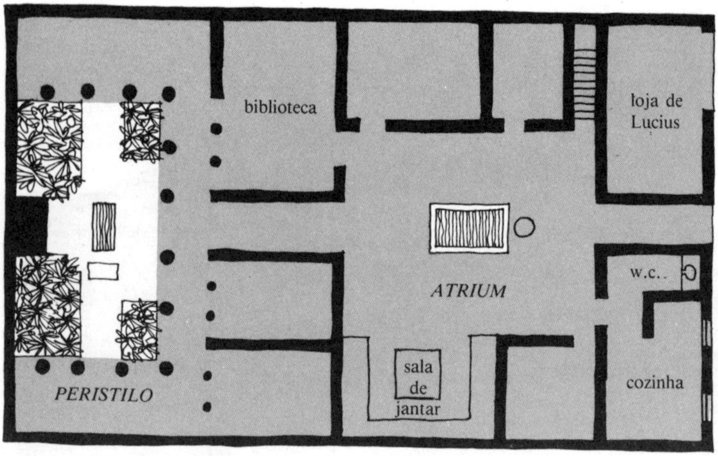

PLANTA DA CASA DE MARCUS LICINIUS

O empreiteiro que construiu a padaria de Marcus fez também uma casa para ele. A casa de Marcus, como a de seus vizinhos, era grande. As paredes externas eram de concreto com revestimento de pedra, o mesmo de algumas paredes internas. Outras paredes, ao contrário, eram de vigas de madeira preenchidas com pequenas pedras e argamassa; eram revestidas de um reboco espesso, o estuque, e depois pintadas.

A planta mostra muitos cômodos, mas havia dois bem maiores que os outros. O primeiro, na frente da casa, era o *atrium*, que se comunicava com a rua por uma passagem estreita. O segundo, atrás, era um jardim cercado de uma colunata, o peristilo. A sala de jantar, a biblioteca, a cozinha e a despensa davam para o *atrium*, enquanto os quartos e as acomodações dos criados ficavam no andar superior.

A vida da casa se desenrolava sobretudo no *atrium*, devido ao seu tamanho e à claridade que entrava por uma abertura quadrada no teto. Sob esta abertura, o *compluvium*, havia no solo um reservatório pouco profundo, o *impluvium*. A chuva que aí caía escoava por um pequeno buraco para um reservatório subterrâneo. Quando se precisava de água, levantava-se uma tampa e tirava-se a água com uma concha de terracota.

A parte da casa de que Marcus mais gostava era o peristilo: era tranqüilo e ótimo para descansar, depois de algumas horas de trabalho na padaria.

Lá havia um chafariz ligado a uma torneira. Havia também um altar consagrado aos deuses protetores da casa, os Lares.

O chão do *atrium* e do peristilo era recoberto de mosaicos, conjunto de pequenos cubos de mármore pretos e brancos, fixados no concreto ainda úmido, compondo desenhos geométricos.

As casas eram encostadas uma na outra, por isso só havia janelas na fachada. Estas eram pequenas e guarnecidas de grades, por questão de segurança. Para iluminar os pequenos cômodos escuros, as paredes eram cobertas de pinturas muito coloridas, com freqüência cenas de selva com animais selvagens e plantas exóticas, ou então pinturas imitando janelas, que faziam os cômodos parecerem menos exíguos. No inverno, os cômodos principais eram aquecidos por um forno a lenha.

De um lado do corredor que ligava a calçada ao *atrium*, havia uma latrina com ramificações para o esgoto e descarga permanente. Do outro lado, havia um cômodo que dava para a rua e estava alugado para um joalheiro, Lucius Julius, que achava aquela uma boa localização para uma joalheria.

Lucius era um antigo escravo que aprendera seu ofício no Egito. Tomou o nome de quem o havia comprado e depois libertado. Morava com sua família num apartamento, em outro bairro da cidade.

Naquela construção em andares, as paredes internas e externas eram feitas com madeiramento reforçado, preenchidas com pedra e argamassa e revestidas de estuque. Em lugar do *atrium*, o edifício tinha um pequeno pátio interno ou poço de iluminação, por onde os pequenos cômodos que não davam para a rua recebiam luz.

Os poucos cômodos do apartamento de Lucius eram pequenos, e cada um deles podia servir para diversos fins. O maior dava para uma sacada que avançava para a rua.

No andar térreo, havia um armazém de óleo de oliva. A loja estocava óleo em ânforas enterradas no chão e dispunha de um moinho para espremer as azeitonas.

Certos imóveis tinham pequenos poços, mas poucos tinham latrinas. Os locatários usavam as latrinas públicas que existiam em muitos pontos da cidade.

Os edifícios do bairro de Lucius abrigavam dois ou mais apartamentos. Pertenciam em geral aos vizinhos de Marcus Licinius. Todos tinham lojas que davam para a calçada. Uma delas era alu-

gada por um barbeiro, Quintus Aurelius, sempre disposto a conversar, o que constituía grande parte de seu sucesso. Para espalhar as notícias, Quintus e os outros barbeiros de Verbonia eram quase tão importantes quanto os decretos do governo lidos no *forum*, e eram nitidamente mais rápidos.

Na época da morte de Augusto, em 14 d.C., nas ruas de Verbonia havia mercearias, confeitarias, lojas de cerâmica, de móveis, de roupas, bazares, cabarés e pequenos restaurantes.

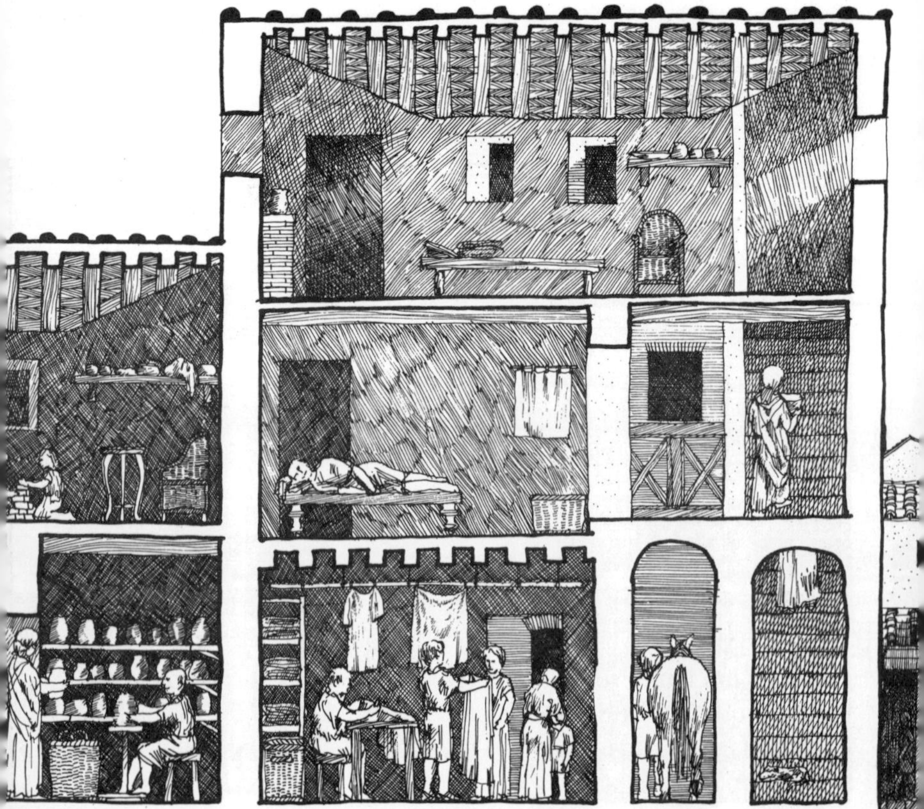

Muitas vezes, a maioria dos artesãos de uma rua se especializava num mesmo tipo de ofício. Numa ruazinha tranqüila, perto do *forum*, as lojas eram em sua maior parte de ourives de grande habilidade, e a rua acabou por chamar-se a "rua do ouro". Os artesãos viviam com suas famílias nos cômodos situados atrás das lojas ou em cima delas. Com o desenvolvimento de cada bairro, era freqüente as famílias se unirem para construir, na rua, altares em homenagem aos Lares.

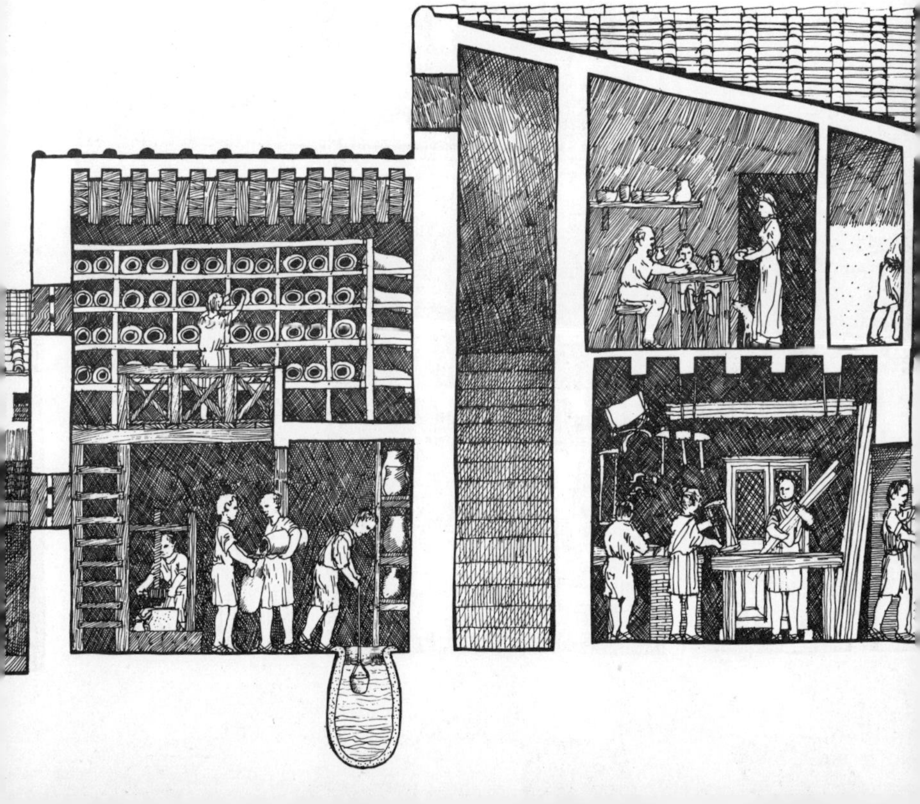

A maioria dos bares pertencia a Servius Vitellius, que também possuía uma cadeia de bares em Ariminum. Estes davam para a calçada e compreendiam um balcão de alvenaria, decorado com pedaços de mármore colorido. As bebidas quentes e frias eram guardadas em jarras de terracota encaixadas no balcão. Ao lado, havia uma prateleira de mármore com uma série de canecas de terracota com a marca Servius.

À noite e nas tardes quentes, as lojas eram fechadas; as venezianas de madeira eram ajustadas nos encaixes, em cima e embaixo de cada abertura, e aferrolhadas. À noite, guardas munidos de tochas percorriam a cidade e verificavam as portas e os ferrolhos das casas.

Ao morrer, Augusto foi divinizado, e o imperador Tibério, seu sucessor, mandou construir templos em sua homenagem por todo o Império. Em geral, quem pagava essas construções não era o imperador mas os cidadãos de cada cidade.

As pessoas ricas de Verbonia aproveitaram-se disso para alugar escravos ao empreiteiro encarregado do templo, ou para garantir, através da sua contribuição, que seus nomes seriam gravados bem em evidência no monumento.

O homem mais rico da cidade era um grande proprietário de imóveis, Numerius Septimius. Não só se apressou em contribuir para o financiamento do novo templo, como também pagou toda a construção de um novo mercado. Para deixar patente a sua generosidade, encomendou uma estátua de mármore que o representava segurando um busto de Ceres. Esta foi esculpida na maior e melhor oficina de talha de pedra da cidade, a de Titus Statius. Uma vez concluída, foi transportada numa carreta até o novo mercado e colocada perto da fonte.

O desaparecimento gradual de terrenos vazios dentro dos muros ressaltou ainda mais a importância do projeto original, em particular em dois pontos elaborados com grande cuidado: a rede das ruas, graças à qual a cidade permanecia organizada, e os terrenos reservados para o lazer e os espetáculos.

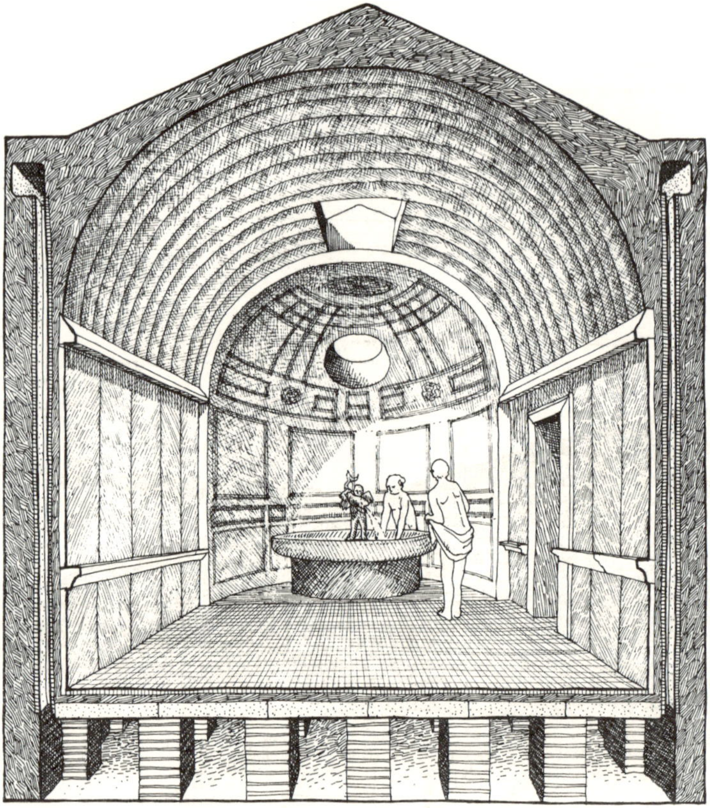

Os banhos públicos ou termas não serviam apenas para as pessoas se lavarem. Eram também um local onde podiam se encontrar pessoas, conversar, fazer ginástica, jogar dados e até ler. O banho compreendia, tradicionalmente, três fases. Primeiro, os romanos lavavam-se com a água quente de uma piscina no vapor do *caldarium*, em seguida repousavam na piscina de água morna do *tepidarium* e terminavam com um mergulho na piscina fria do *frigidarium*.

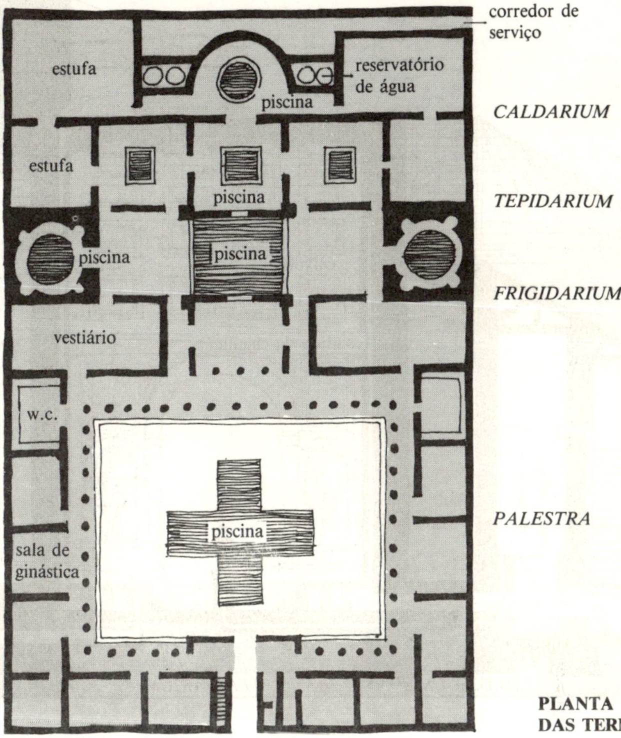

PLANTA DAS TERMAS

No reinado de Augusto, foram construídas várias pequenas termas, mas em 42 a população era de 30.000 habitantes, e as instalações tornaram-se insuficientes. O novo imperador, Cláudio, mandou construir termas muito maiores perto do *forum*, no local dos antigos banhos. Contratou-se uma empresa de demolição para derrubar o edifício antigo e alguns outros prédios.

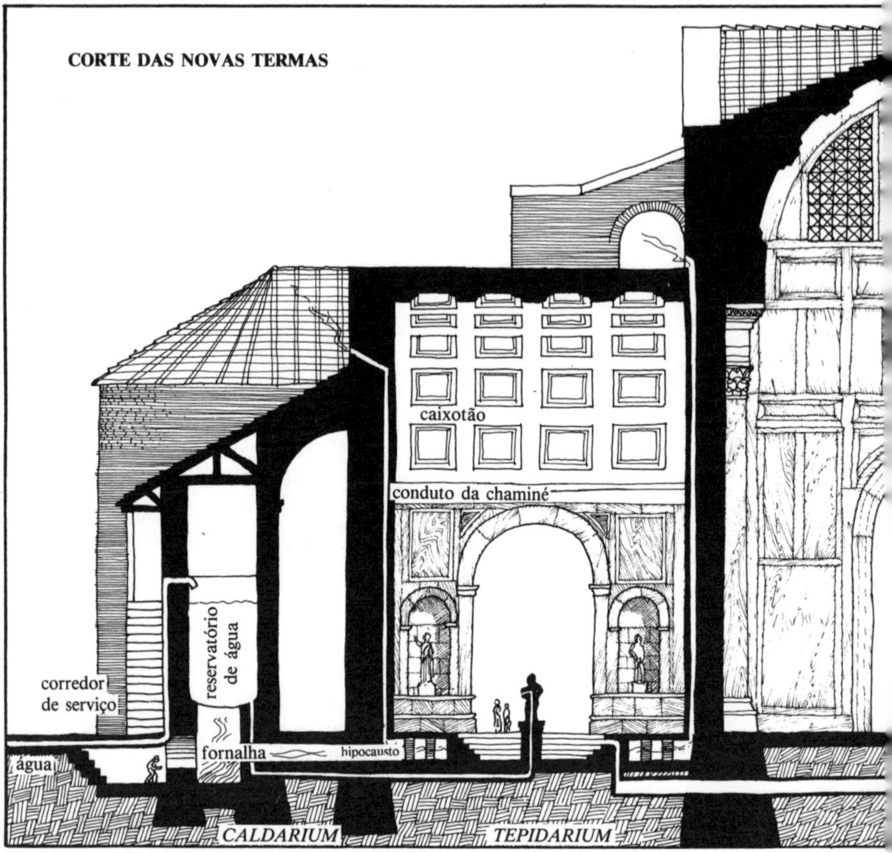

O piso de mosaico do *caldarium*, do *tepidarium* e das estufas era suspenso a 60 cm do solo e sustentado por pilares de tijolos, criando-se assim um espaço chamado *hipocausto*. Os gases quentes de uma fornalha externa eram canalizados para o hipocausto, para aquecer as salas. Depois subiam pelas chaminés, tubos de terracota colocados nas paredes; após terem aquecido as paredes, os gases saíam pelos orifícios nas abóbadas.

Acima da fornalha havia grandes reservatórios de bronze onde se aquecia a água do banho.

A água quente alimentava a piscina do *caldarium*, e o excesso escorria, resfriando, até a piscina do *tepidarium*.

O *caldarium*, o *tepidarium*, os vestiários, as estufas, os bares, as latrinas, todas essas salas eram cobertas por abóbadas de berço. O *frigidarium*, que possuía uma superfície maior, era coberto por uma série de abóbadas de aresta, criada pelo cruzamento em ângulo reto de duas abóbadas de berço. As duas piscinas de água fria do *frigidarium* eram cobertas por cúpulas e iluminadas através de uma abertura circular que havia no alto (*oculus*).

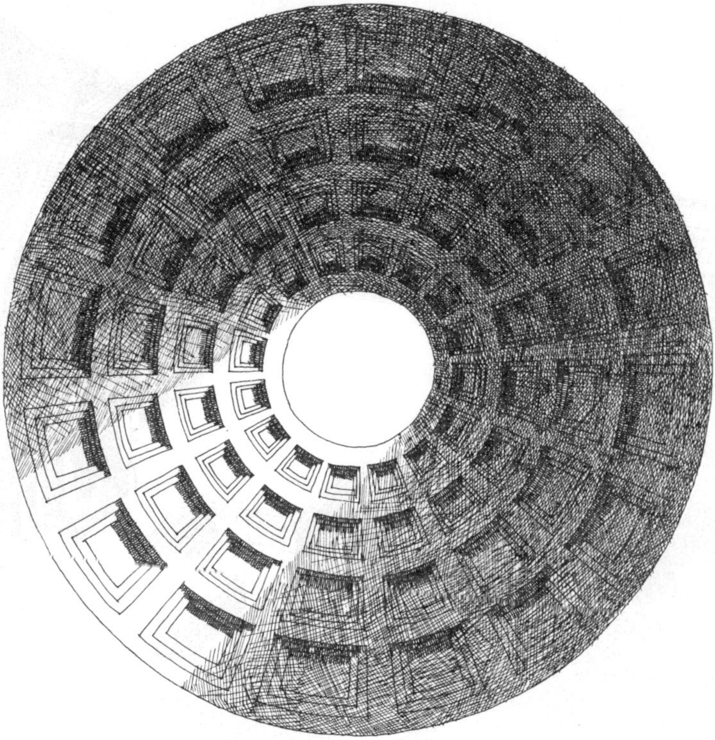

Para a construção das cúpulas e das abóbadas utilizavam-se fôrmas munidas de caixotões na parte superior. Quando o concreto secava e a abóbada era desenformada, ela apresentava reentrâncias que lhe davam maior leveza, sem a enfraquecer, o que permitia diminuir a grossura dos muros de arrimo ou dos pilares.

Contíguo às termas, havia um gramado com uma piscina, cercado por uma colunata em dois níveis. Era a palestra, espaço que servia, entre outras coisas, para o exercício físico e para a luta.

No primeiro andar da colunata e sobre o pórtico de entrada, havia uma biblioteca com uma coleção de pergaminhos para quem quisesse ler.

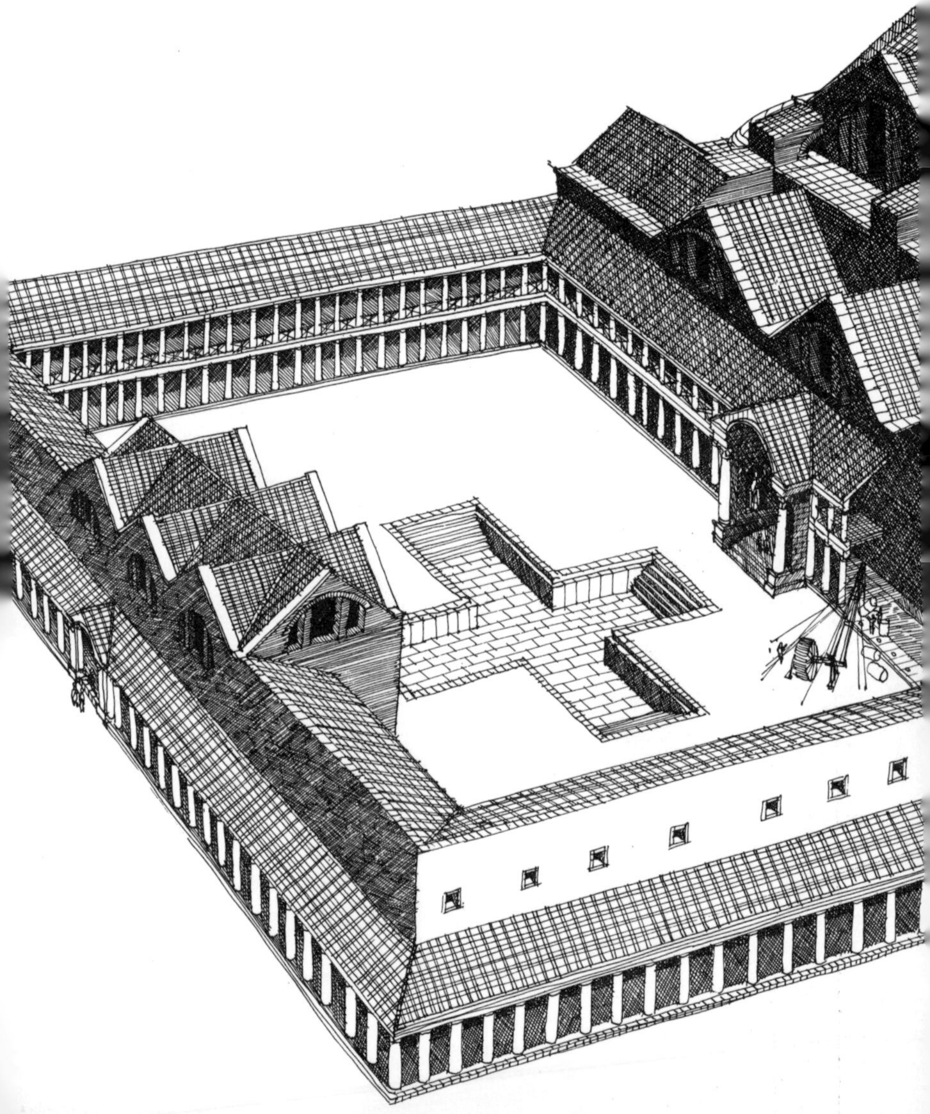

As grandes termas e o crescimento da população aumentaram as necessidades de água: por isso construiu-se um segundo aqueduto sobreposto ao primeiro.

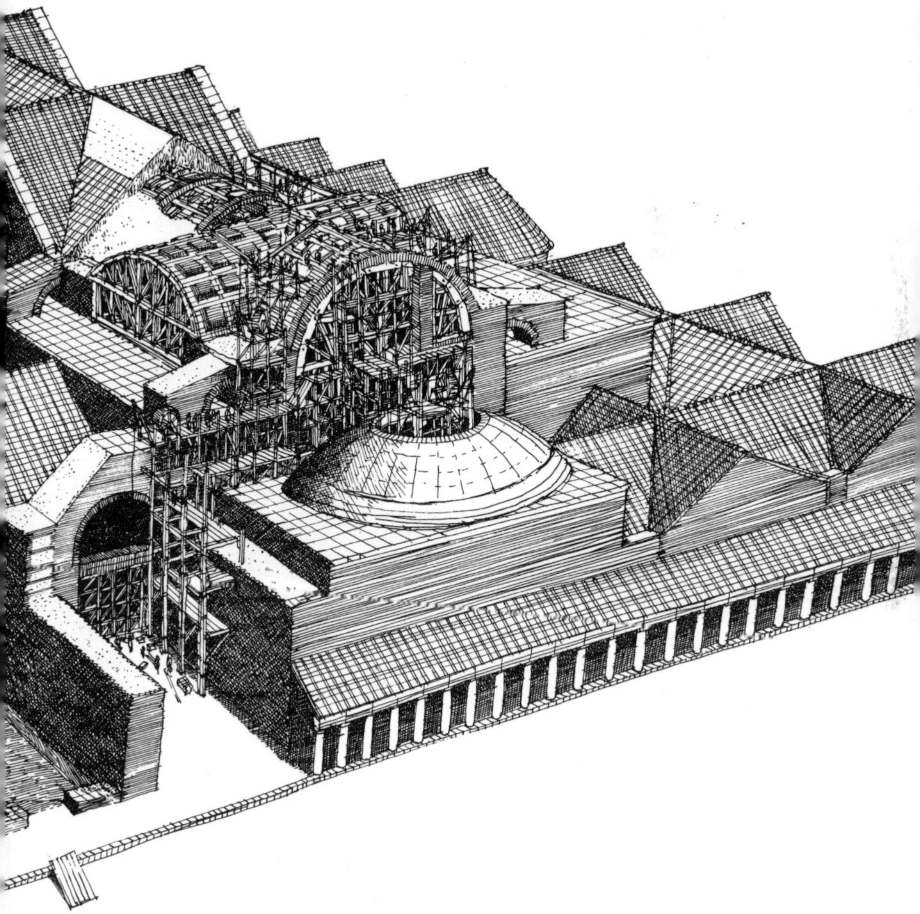

PLANTA DO ANFITEATRO

O bairro dos espetáculos foi a última área pública a ser plenamente desenvolvida. Em 44, o senado aprovou a construção de um anfiteatro e de um teatro permanentes. Até esta data, a arena, bem como o palco do teatro, eram cercados por um aterro em ligeiro declive com assentos de pedra e reforçado por uma arcada.

Conservou-se a forma oval do anfiteatro, que foi aumentado. Os assentos de pedra foram dispostos em dois níveis de galerias de abóbadas de berço que se desenvolviam a partir do centro da arena; estas eram ligadas por outras passagens horizontais.

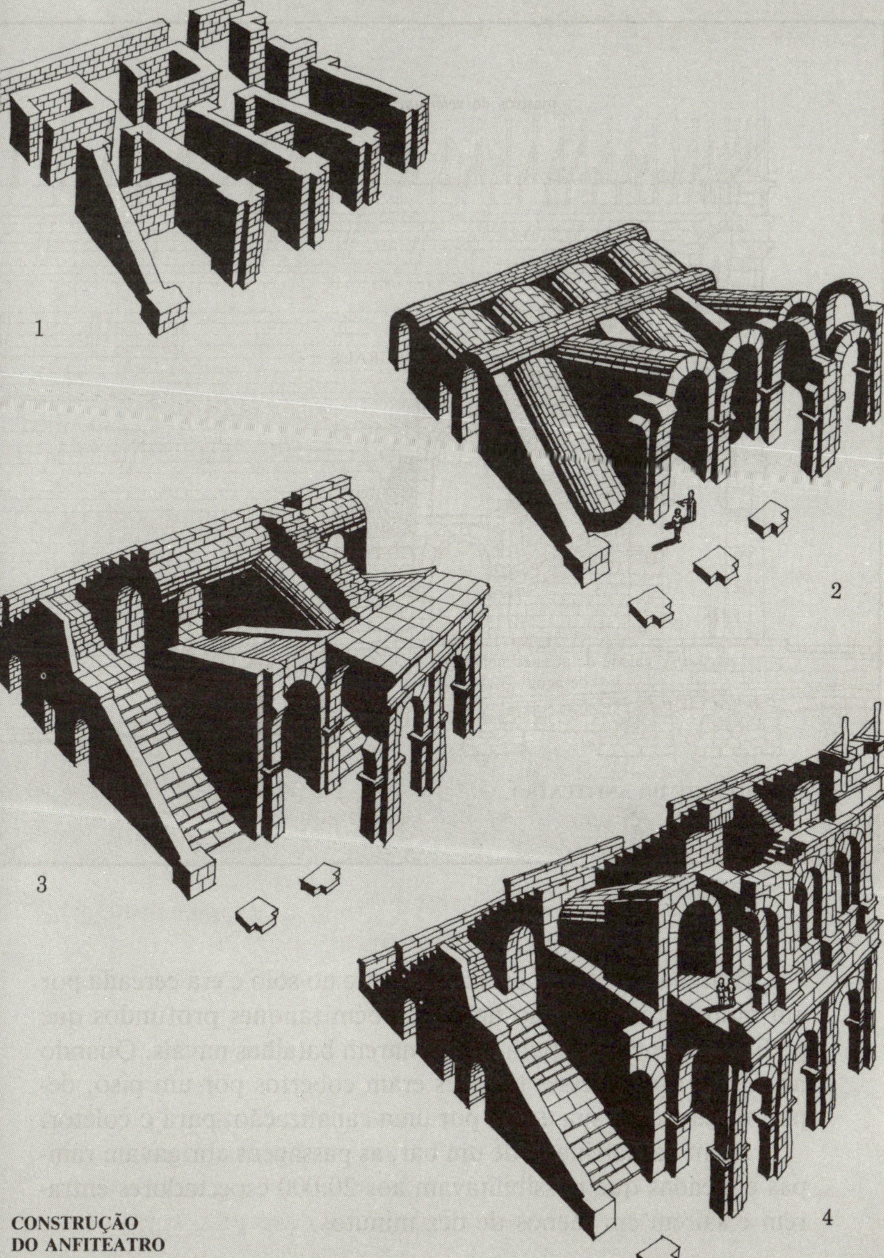

CONSTRUÇÃO DO ANFITEATRO

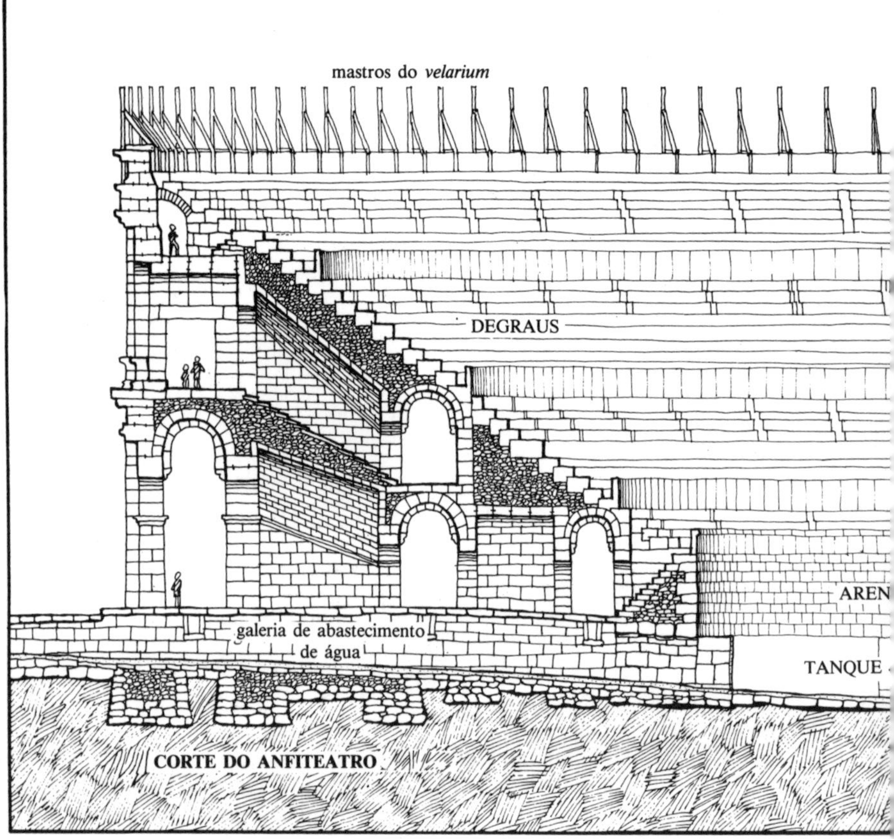

A arena penetrava profundamente no solo e era cercada por um muro alto. No chão havia também tanques profundos que podiam ser enchidos para se encenarem batalhas navais. Quando não eram usados esses tanques eram cobertos por um piso, depois de se escoar sua água, por uma canalização, para o coletor.

Além das latrinas e de um bar, as passagens abrigavam rampas e escadas que possibilitavam aos 20.000 espectadores entrarem e saírem em menos de dez minutos.

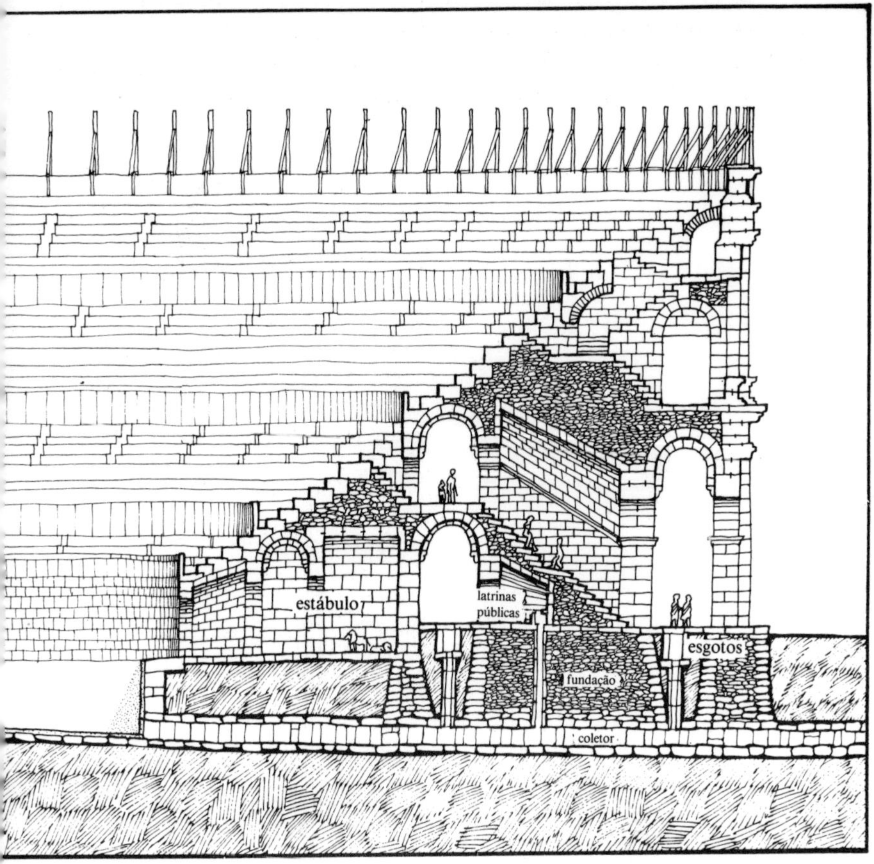

Sob os degraus inferiores, havia salas que davam para a arena e abrigavam as feras e o material utilizado nas apresentações. Nos espetáculos mais populares, havia matança de animais, de escravos, ou de gladiadores que eram pagos para lutar.

O muro externo do anfiteatro era feito de duas fileiras de arcadas sobrepostas. Era um muro de pedras cuidadosamente talhadas e grampeadas com ganchos de ferro ou bronze. As passagens e as abóbadas eram construídas de pedra e concreto.

Acima dos degraus, havia uma rede de cabos ligada a mastros de madeira. Quando o sol estava muito forte, estendia-se uma grande lona, o *velarium*, por cima dos degraus. Quando chovia durante uma apresentação, os espectadores abrigavam-se nas galerias.

Durante a construção do anfiteatro, desenformou-se acidentalmente uma abóbada antes de o concreto ter secado completamente: morreram vinte e cinco escravos, o contramestre e um conselheiro municipal, que observavam o trabalho. Os corpos dos escravos foram levados por duas carroças ao campo, a cinco quilômetros da cidade, e enterrados numa grande vala. Os corpos do conselheiro e do contramestre foram queimados, e suas cinzas recolhidas em urnas. A urna do conselheiro foi depositada num imponente jazigo da família, muito mais perto da cidade, mas fora das muralhas, como exigia a lei; a urna do contramestre foi enterrada num cemitério público muito decente, onde sua família colocou uma lápide em sua memória.

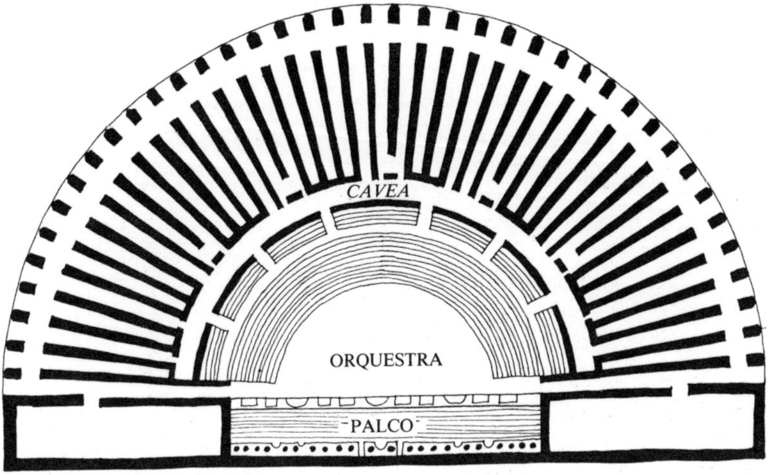

PLANTA DO TEATRO

O conselheiro sempre gostara de peças de teatro, por isso sua família doou uma grande soma para a construção do novo teatro. Os assentos estavam dispostos numa platéia funda, semicircular, a *cavea*. Como no anfiteatro, apoiavam-se numa rede de corredores com abóbadas. Diante da *cavea*, erguia-se um grande palco construído de tábuas. Dos dois lados do palco, havia vestiários e depósitos de acessórios.

Quando se trocava o cenário, erguia-se uma cortina escondida no piso do palco. A parede de fundo do palco, a *frons scaenae*, apresentava colunas de mármore e um cenário arquitetônico. Esta parede erguia-se no mesmo nível que a colunata construída no último degrau da *cavea*. Os atores às vezes representavam na orquestra, plataforma semicircular num nível abaixo do palco. As pessoas importantes tinham lugares confortáveis ao redor da orquestra ou nos camarotes, situados sobre as entradas laterais. O teatro podia também ser coberto por um *velarium*.

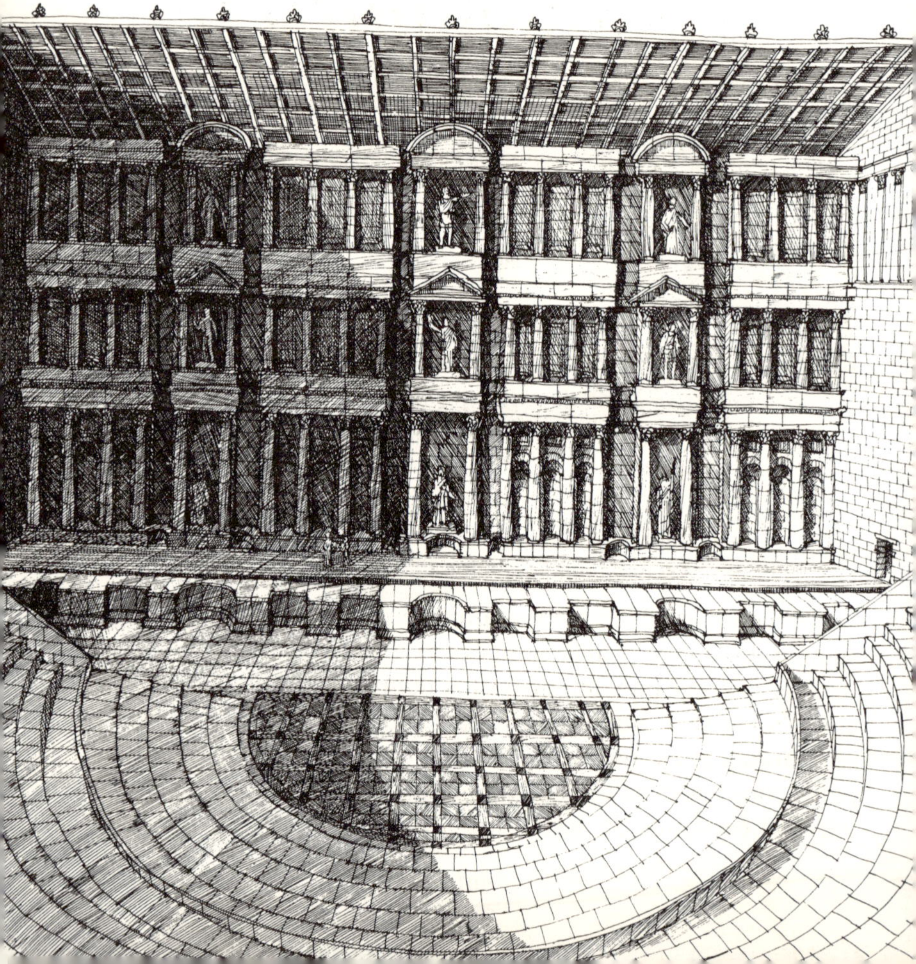

Em 75, o anfiteatro e o teatro estavam concluídos e o acontecimento foi celebrado com vinte e cinco dias de festa.

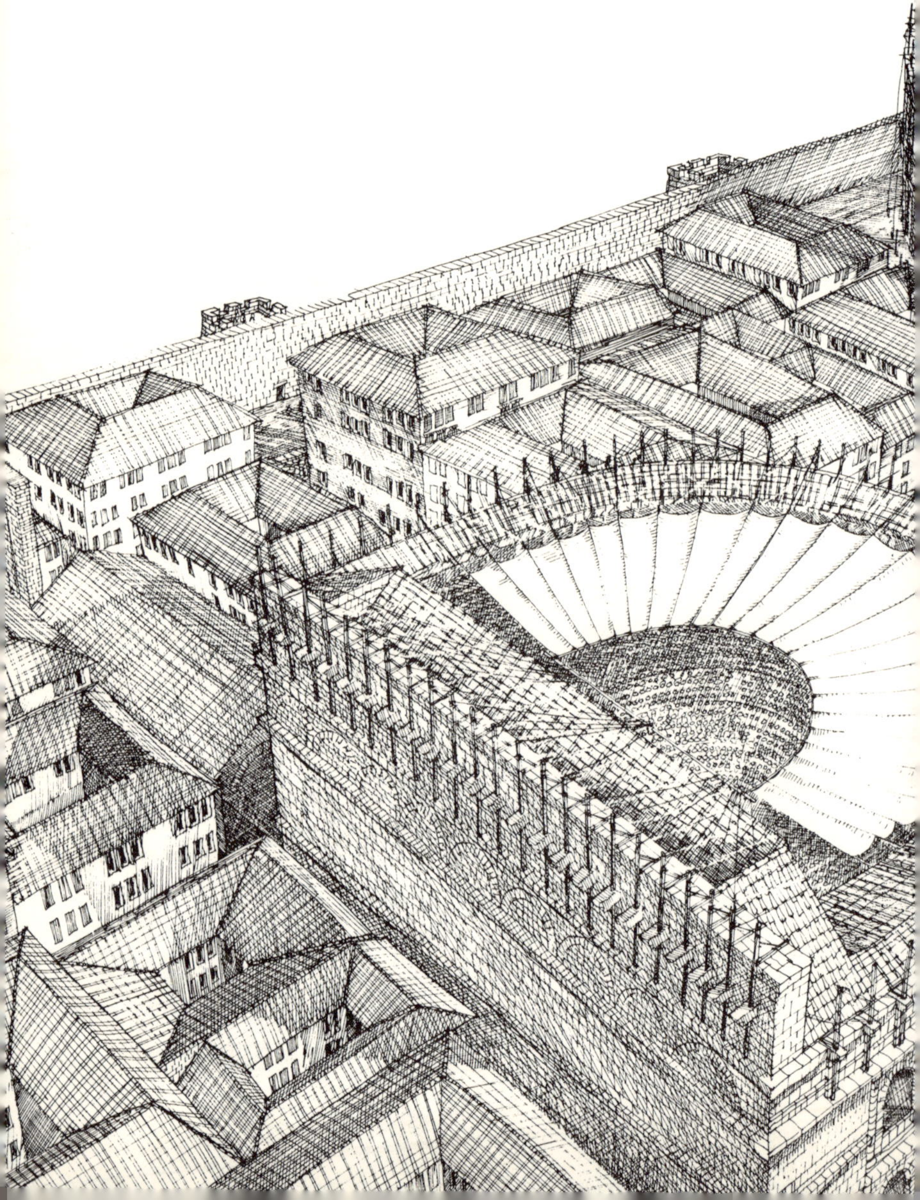

A população de Verbonia continuava a aumentar. Muitos proprietários substituíram suas pequenas casas alugadas por grandes edifícios; alguns chegavam a ter quatro andares e abrigavam vinte famílias. Para aproveitar a altura, que jamais podia ultrapassar o dobro da largura da rua, o Conselho Municipal promulgou uma lei que isolava os primeiros grandes edifícios nas *insulae* nos lados norte e oeste da cidade. No inverno, essas construções protegeriam a cidade do vento frio que soprava no vale.

Como nas construções anteriores, os apartamentos desses prédios eram dispostos ao redor de um poço de luz. O andar térreo compreendia uma sucessão de salas com abóbadas de berço, que davam para a calçada. Esses cômodos eram alugados por comerciantes que moravam em cima de suas lojas, sobre um assoalho de madeira instalado a 2,50 m do solo.

Ao redor do pátio central, havia também estrebarias e depósitos alugados.

Em 100 d.C., a população de Verbonia atingia quase 50.000 habitantes. Muitas *insulae* comportavam então até oito grandes prédios, e apenas as pessoas mais ricas podiam permitir-se uma casa particular. Insuficientes, as antigas construções das termas, dos mercados e dos templos foram demolidas para ceder lugar a construções maiores e mais bem adaptadas. Os dois aquedutos ainda bastavam para as necessidades de água da cidade, e a rede de esgotos, com 120 anos, funcionava sem apresentar defeitos. A alimentação era abundante porque o campo era bem explorado e porque os mercados e padarias eram em grande número. As ruas eram animadas sem ser superpovoadas; conforme a previsão do projeto original, elas ainda eram seguras e agradáveis.

Cento e vinte e cinco anos após sua fundação, Verbonia estendia-se até seus muros. O Império era mais poderoso do que nunca e as muralhas, originalmente construídas para manter o inimigo do lado de fora, passaram a ser mais úteis para manter a cidade dentro de seus limites.

Glossário

ABÓBADA DE ARESTA
Abóbada criada pelo cruzamento em ângulo reto de duas abóbadas de berço.
ABÓBADA DE BERÇO
Cobertura ou teto semicilíndrico.
AMEIAS
Partes alternadamente altas e baixas no alto de uma muralha. Os defensores são protegidos pelas partes altas e atiram por cima das partes baixas.
ANFITEATRO
Arena oval totalmente rodeada por fileiras de assentos dispostos nos degraus.
AQUEDUTO
Canalização especial para o abastecimento de água.
ARGAMASSA
Mistura de areia, cal e água empregada para ligar pedras ou tijolos. Ao secar, torna-se muito resistente.
ASNA
Madeiramento utilizado para cobrir uma sala, quando o vão é maior que o comprimento de uma viga.
ATRIUM
Grande espaço central de uma casa romana. Completamente coberto, exceto no meio, onde o telhado tem uma abertura.
CAIXOTÃO
Cavidade numa abóbada de concreto ou numa cúpula, que reduz o peso do telhado.
CALDARIUM
Parte aquecida das termas, que contém piscinas de água quente.
CARDO
Rua principal, no sentido norte-sul, de uma cidade romana.
CASTRUM (ACAMPAMENTO)
Acampamento militar romano, geralmente de forma retangular ou quadrada.
CAVEA
Degraus semicirculares de um teatro, onde estão os assentos.
CHAVE
Aduela central na parte mais alta do arco.
CIMBRE
Arco provisório de madeira sobre o qual se constrói um arco de tijolo ou de pedra. Quando a argamassa que liga os tijolos ou as pedras do arco definitivo seca, retira-se o cimbre.
COLETOR (CLOACA)
Grande galeria de esgotos subterrânea.
COMPLUVIUM
Abertura no telhado do *atrium*.
CONCRETO
Material de construção muito resistente, feito de argamassa e de pedras de tamanhos diferentes.
CORTE DE PERFIL (SEÇÃO)
Desenho que mostra a configuração do solo e indica a altura ou a profundidade das montanhas e vales.
DECUMANUS
Rua principal, no sentido leste-oeste, de uma cidade romana.
EIXO
Peça sobre a qual gira uma roda.
ENSECADEIRA (CAIXÃO HIDRÁULICO)
Cercado impermeável, num rio ou lago. A água é bombeada para fora, permitindo que os operários trabalhem diretamente no fundo do rio ou lago.
ESTACA
Tronco de árvore descascado e pontiagudo, cravado no leito de um rio ou num pântano, servindo para construir uma ensecadeira ou para reforçar o alicerce de um pilar.
ESTUQUE
Reboco espesso.
FORJA
Oficina de fabricação de instrumentos, a partir do metal aquecido na fornalha e martelado.
FORUM
Centro político e religioso de uma cidade romana: é uma praça descoberta cercada de pórticos e edifícios.
FRIGIDARIUM
Parte das termas onde estão as piscinas de água fria.
GROMA
Instrumento de topografia feito com um bastão e com uma cruz horizontal de onde pendem quatro fios de chumbo. Quando os fios estão paralelos ao bastão, o instrumento está perfeitamente vertical e os muros e ruas podem ser cuidadosamente traçados no solo pela projeção dos braços da cruz.
HIPOCAUSTO
Espaço sob um assoalho elevado, onde os gases quentes são canalizados para aquecimento do assoalho.
IMPLUVIUM
Reservatório de água no solo do *atrium*, onde se acumula a água que passa pelo *compluvium*.
INSULA
Quarteirão numa cidade romana, em geral quadrado ou retangular.
NÍVEL
Grande instrumento de nivelamento, de madeira, utilizado em topografia para a determinação de um corte no terreno.
OCULUS
Abertura ou janela redonda.
PERISTILO
Pátio ou jardim de uma casa romana, circundado por um pórtico.
PILAR
Construção vertical de tijolos, pedras ou concreto, semelhante a uma coluna, mas mais espessa, que serve para sustentar um arco.
POMERIUM
Faixa de terra sem construções, atrás dos muros de uma cidade romana. Servia de fronteira sagrada, e acreditava-se que, dentro dela, as terras eram protegidas pelos deuses.
PORTA LEVADIÇA
Grade de madeira, revestida de metal, que podia ser abaixada para fechar as portas da cidade.
PÓRTICO
Fileira de colunas que sustenta uma viga horizontal ou um telhado.
POZOLANA
Cascalho de origem vulcânica que permitia à argamassa comum dar pega sob a água.
ROSTRO
Tribuna elevada para os discursos.
TEPIDARIUM
Parte aquecida das termas, mas menos que o *caldarium*, com piscinas de água quente.
TERMAS
Banhos públicos romanos.
VELARIUM
Proteção de lona contra o sol sobre um teatro ou um anfiteatro.